JN198815

学術選書

118

プラトンのプラトニック・ラブ

國方栄二

KYOTO
UNIVERSITY
PRESS

京都大学
学術出版会

プラトンのプラトニック・ラブ◉目　次

はじめに

この本を手に取られた方が、若者の純愛に関する書物だと想像されたとしたら、大いに失望させることになるだろう。プラトニック・ラブ（Platonic love）は、通常は性愛（セックス）を伴わない純粋な恋愛と理解されている。結婚までは純潔を保ち、精神的な恋愛に留まるべきだ、と主張する保守的なキリスト教徒の純潔運動の中で用いられることもある。一方で、ロマンティック・ラブ（romantic love）という言葉があって、これも定義がさまざまだが、性愛を伴うものとして、しばしばプラトニック・ラブと対比される。こうした言葉遣いの混乱が、プラトニック・ラブの正しい理解を妨げているように思われる。本書で論じられるように、プラトニック・ラブは、婚前における男女の純潔とはおよそ関係のない概念である。

こうした誤用がいつ始まったのかを特定することはむずかしい。*Oxford English Dictionary*（OED）の'Platonic'の項で、性愛を伴わない意味でのプラトニック・ラブの初出を一六三一年のベン・ジョンソンの戯曲『新しい宿（*The New Inn*）』としている。[1]古代ギリシアには、よく知られているように、少年愛

（パイデラスティアー）が出てくる。つまり成人男子と未成年男子との間の同性愛である。本書で紹介するプラトン（前427頃～347）の『饗宴』や『パイドロス』でも頻繁に登場している。キリスト教世界では、一般に同性愛は悪徳とみなされることが多く、これをできるだけ忌避しようとする傾向があり、恋愛はもっぱら異性愛について語られる。[2]それとともに、プラトンがこれらの作品の中で精神的な恋愛を強調したことが、このような誤用を生むきっかけとなったのかもしれない。

ところで、プラトニック・ラブという言葉の出自はそれほど古くはない。一般には、ルネサンス期の学者で、プラトン全集の翻訳者としても知られるマルシリオ・フィチーノ（1433～99）が最初に用いたとされている。[3]ラテン語でアモル・プラトーニクス（Amor Platonicus）と言う。フィチーノは『プラトン「饗宴」注解』（*Commentarium in Convivium Platonis, De Amore*, 1469）においてプラトンの恋愛論を紹介しているが、ルネサンス時代の人文主義者にとっては、この言葉はさまざまな恋の階梯を登り切った頂点にある哲学的探究を意味しており、その点では正しい理解を示していると言えよう。[4]私たちも、ルネサンス期の文人たちに倣って、プラトンが描いた恋の行程とその最終的な到達点となるものを明らかにすることを試みたい。

古代のギリシア・ローマ人は、人間が恋に落ちるのはそこに神が介在するからだと信じていた。ギリシア神話で、「恋」を擬人化した神はエロース（Eros）と呼ばれ、ローマの神話ではアモル（Amor）もしくはクピードー（Cupido）のことである。アモルは「愛」を意味するスペイン語のamorやイタリア語のamoreに、クピードーは英語のいわゆるキューピッド（Cupid）になる。

ルネサンス時代の画家サンドロ・ボッティチェッリ（1445頃～1510）の有名な作品《春（プリマヴェーラ）》をみると、中央に翼を生やして浮遊する幼児の姿で描かれている。けれども、古代のギリシアの古典期では青年神として崇められていた。もちろん手にした弓矢で射られると、その者が恋に落ちるところは変わらない。

ルネサンス以後に、プラトニック・ラブに深い関心を寄せたのは、英国の詩人のパーシー・ビッシ

（1）Platonic: A2a. 'Applied to love or affections for one of the opposite sex, of a purely spiritual character, and free from sensual desire'. 1631 Jonson, *New Inne*, 'Platonick loue', *The Oxford English Dictionary*, Second Edition, Oxford, 1989.
（2）中世ヨーロッパには騎士道精神に重きを置いた恋愛概念があり、貴婦人に対する精神的な愛が強調された。その影響のためか、詩人が女性に対する精神的な愛を歌ったものが多く、ダンテ（1265～1321）におけるベアトリーチェなどの例がある。
（3）一四七六年に友人のアラマンノ・ドナーティに宛てた書簡が初出とされている（Marsilio Ficino, *Opera omnia*, Turin, 1976, I, p.716）。わが国では北村透谷（1868～94）が江戸期の退廃的な文芸に対して、女性の純潔を主張したことが知られているが（「処女の純潔を論ず」、『白表女学雑誌』一八九二年）、プラトンの思想として論じたわけではない。
（4）もっとも、フィチーノのプラトン理解は擬ディオニュシオス・アレオパギテスや新プラトン主義などの影響も受けており、複雑である。この点については補章を参照されたい。

ュ・シェリー（1792～1822）である。彼の詩はプラトンの影響が色濃く影を落としている。その一つ「センシティブ・プラント（おじぎ草）」（一八二〇年作）には次のような一節がある。

そは含羞草（ねむりぐさ）其身には華麗（はで）なる花も色も香も無（な）けど、
其愛――「愛」の如（ごと）、胸の深きに充ち溢れ、
己の持たぬ「美」をこそは我が身に得んと願へばぞ。

（木村鷹太郎訳『含羞草』武林堂、一九〇七年）

「己の持たぬ『美』をこそは我が身に得んと願へばぞ（It desires what it has not, the Beautiful）」の詩句が、プラトンの『饗宴』を踏まえていることは明らかである。若くして死んだシェリーにはプラトンの翻訳に熱中した時期があり、『饗宴』の翻訳（一八一八年）を残している。生田清平、すなわち生田春月の同作の翻訳（越山堂、一九一九年）は優れた訳業であるが、このシェリー訳の影響を受けている。

本書はプラトンの『饗宴』、これと深く関係する小品『イオン』、そして『パイドロス』を中心に論じているが、もとよりこれらの作品の解説を意図したものではない。むしろ、本書の目標は「プラトニック・ラブとは何か」という疑問に答えることにある。そのために、幾度か途中で議論が脱線することがあるが、ご容赦願いたい。

プラトンの恋愛論についての議論を始める前に、何が問題となるのかについて簡単に述べておきた

い。『饗宴』ではエロース（恋）談義の最後に、ソクラテスが哲学的恋愛なるものを紹介している。知の追求（ピロソピアー）としての哲学とエロースとが重ねられる。『パイドロス』では、ソクラテスの最初の演説において、恋に落ちたものがみせる狂気（マニアー）に対して、分別の心（ソープロシュネー）の重要性について語られるが、後半の演説では一転して、人間にとって最も善きものはそうした分別心では得られないと説かれ、神的狂気の名のもとに哲学的恋愛が登場する。けれども、このような議論については疑問を投げかける研究者も少なくない。恋愛や狂気はわれわれの非理性的な情念と関係するのが普通であろう。本来理性的な探求であるはずの哲学は、これらとどのように関係するのか。あるいは、そもそも関係することは可能なのであろうか。こうした問題を念頭に置いて、まずはプラトンがこれらの作品で語ったことの正確な理解に努めながら、今述べた問題について考えてみることにしよう。

古来、多くの哲人、哲学者がいたが、プラトンほど人間の「恋」や「狂気」の問題に深い関心をもった哲学者はいない。はたしてプラトンはこれらの言葉に託して何を語りたかったのか。この小著でその思索の一端を明らかにできればと願っている。

＊本書でプラトンのテキストがしばしば引用されるが、その数字は、フランスの文献学者、印刷業者であったアンリ・エティエンヌ（Henri Estienne 1528～98）が一五七八年に出版したプラトン全集のページ付

けによる。この版は彼のラテン語名からステパノス版と呼ばれる。例えば、「177A」はステパノス版の一七七頁一～一〇行、「177B」は同頁一一～二〇行を指している。

第1章　エロースとは何か

　エロースのはたらきについては、古来多くの詩人、著作家が言及したが、これを真実在の観照を願う哲学的恋愛あるいは狂気にまで昇華させたのが哲学者のプラトンである。

『饗宴』はプラトンの中期著作群の一つとされている。プラトンの生涯でも、創作力の最も旺盛であった時期に執筆されたこの著作は、哲学書でありながらその文学性においても優れていると評価されている。この作品には古来副題が二つついており、一つは「善について」もう一つは「恋（エロース）について」である。前者はローマ時代にプラトン全集を編纂したトラシュロスがつけたものであり（ディオゲネス・ラエルティオス『ギリシア哲学者列伝』3,58）、後者は旅行家のクラーク（Edward Daniel Clarke, 1769~1822）が一八〇一年エーゲ海のパトモス島の聖ヨハネ修道院で発見したプラトンの最優良写本（通称B写本）についていたものである。作品の内容から後者の副題が一番しっくりする。

　この作品の最初のあたりで、登場人物のソクラテス（前470頃～399）は「恋の道（エローティカ）以外のことはなにも知らない」（177D）と言っている。これはいかにも奇妙な発言である。古代ギリシア最大の哲人と言ってもよいソクラテスは、自分は恋のことしかわからないと言っているのである。このことにはクセノポン（前430頃～355/54）も言及しているから（『酒宴』8,2）、実際に日頃からそのように語っていたものと思われる。もちろんそれは、ローマの詩人オウィディウス（前43～後17/18）が『恋の技法（アルス・アマートーリア）』の中で歌ったような、男女に助言する恋の手管のことではない。「ローマの民衆の中で、恋の技を知らないものがいたら、この詩を読み、読んで学んだなら恋をするがよい」（I1-2）と誘っているが、ソクラテスの念頭にあったのはそのようなものではないだろう。もっともそれは人を愛する、人に恋することと無縁ではない。ソクラテスの言葉の真意を得るために、まずこのプラトンの『饗宴』という作品からみることにしよう。

1　プラトンの『饗宴』

『饗宴』という作品は、前四一六年一月に悲劇作家のアガトンが悲劇のコンクールで優勝し、それを祝う宴会がアガトンの私邸で開かれたときの模様を記したものであるが、実際にプラトンがこの作品を書いたのは、イタリアのシケリア（シチリア）島への旅から帰還し、アテナイの北西に学園アカデメイアを設立した（前三八七年）、その直後ではないかと思われる。

原題の『シュンポシオン（Symposion）』は、文字通りには共に酒を飲むという意味であるから、宴会や酒宴（今日の言い方だと飲み会）のことであるが、当時こうした場ではつきものの笛吹きや芸人の余興を中止して、酒を交えての「討論の場」になっている。今日のシンポジウム（Symposium）はこの意味を受け継いでいる。そして、討論の場の主題が恋愛の神エロースであり、出席者が順にエロースへの讃美の言葉を述べていく。

この話は、ソクラテスの熱烈な讃美者で、彼をまねて常に裸足で歩き回っているアリストデモスという人物が、その会合に出席していて、そこでの経緯をアポロドロスという別の人物に話し、さらにアポロドロスが友人たちに披露するという、かなりややこしい設定になっているのであるが、こうした手法を用いたプラトンの意図が何かについては、あれこれ推測されているが、そのような詮索は研究者に任せるとして、[1]私たちはここで七人の人物が恋愛論を述べているので、それを順にみることにしよう。すなわち、パイドロス（プラトンの対話篇『パイドロス』の登場人物でもある）、パウサニアス（『饗宴』の記事以外はほとんど不詳）、エリュクシマコス（医師）、アリストパネス（著名な喜劇作家）、アガトン（悲劇作家）、ソクラテス（哲学者）、そして美青年のアルキビアデスである。最後のアルキビアデスは、後

（1）詳しくは朴一功訳プラトン『饗宴／パイドン』「解説」（三七一頁以下）を参照されたい。

にペロポネソス戦争時シケリア遠征を企てた人物であるが（トゥキュディデス『歴史』に詳しい）、ここではエロースではなく、彼が愛してやまない友人のソクラテスを讃美している。

本書の目的はプラトニック・ラブの意味を知ることにあるから、このうちソクラテスの話だけをみればよいのだが、その前の人たちの話も恋愛論の理解に資するところが多いので、彼らの話も紹介し、その問題点について考えてみることにしよう。まずは、パイドロスの演説である（最後のアルキビアデスの話は、エロースの話題からはずれるから、これは扱わないでおく）。

2 パイドロス演説

先に述べたように、『饗宴』の対話の設定は悲劇作家のアガトンが悲劇のコンクールで優勝したのを祝って友人たちが宴を開く模様を描いたものなのだが、冒頭で出席者の一人パウサニアスが、前日にお酒をたくさん飲んだから、別のなにかよい趣向を考えたいと言い出す。そして、一同が賛成するなかで、別の出席者のエリュクシマコスが議論を通じて互いに親しく交わることにしようと提案する。これについても皆の意見が一致すると、パイドロスが、エロースの神を話題として取り上げることを提案する。

エリュクシマコス、けしからん話じゃないか、神々のうちでもほかの神に対しては詩人らによって讃歌や頌歌が作られているのに、エロースに対しては、これほど古く偉大な神でありながら、あんなに多くいる詩人で誰一人讃美する言葉を作っていないというのは。（177A）

パイドロスはちょうど寝椅子の最上席に座っていて、[2] エロースを話題にした当人でもあるということで、神への讃美の口火を切ることになる。彼の話はおおよそ三つの部分に分かれている。

第一は、エロースは最も古いいわれをもった神であることである。その根拠として、ヘシオドスの『神統記』（116以下）がもちだされる。

ヘシオドスは最初にカオスが生じたと言っている。

「しかるに、その次には、
すべてのもののとこしえに安らかなる座、胸広きガイア（大地）、
そしてエロースが」。（178B）

（2）宴席はコの字型に寝椅子が並んでいて、一つの寝椅子に二人ずつ横になる。一番左側が最上席で、ここにパイドロスが座っていたわけである。

宇宙生成の最初にあったものは、まずカオス、次にガイア（大地）であり、三番目のエロースが生まれたとされるが、ヘシオドスの現行テキスト（写本）には、

まず一番初めにカオスが生じた。しかるに、その次には
雪を戴くオリュンポスの頂きに宮居するあらゆる不死なるものの
とこしえに安らかなる座、胸広きガイア（大地）、
道広き大地の奥底にある曖々たるタルタロス（深淵）が、
さらには不死なる神々のなかでも最も美しいエロースが生じた。（『神統記』116-120）

とある。すなわち、(1)カオス、(2)ガイア、(3)タルタロス、(4)エロースの順である。『饗宴』と比べると、「雪を戴くオリュンポスの頂きに宮居する……不死なるものの」（原文では118）とタルタロスへの言及（119）が余分に加わっている。プラトンがこの二行を飛ばしたとも考えられるが、アリストテレス『形而上学』（984b26）も擬アリストテレス『メリッソスについて』（975a10）もこの二行を読まずに引用しているから、そのような写本の伝承があったのかもしれない。とりあえず、このタルタロスは度外視して、『饗宴』のテキストを検討してみよう。まず、最初のカオス（Χάος）は、英語の Chaos から想定されるような「混沌」の意味ではない。もともとこの語は動詞のカスコー（*χάσκω*）と関係しており、動詞の意味は「口を大きく開ける」ことであるから、名詞のほうは「空隙」の意味かと思わ

れる。天と大地との間の空隙である。つまり、天（ウラノス）と大地（ガイア）の間にある空間であるが、この空間がカオスのことである。[3] 考えてみると、まだウラノスは生まれていないから空間が先に存在したというのは不可解なのであるが、神話の物語はこのように論理的には話が進まないところがある。

また、ヘシオドスは原初の神々のひとりとしてエロース神を挙げたわけであるが、パイドロスによれば、これに同調した人として、アクシレオス（前六世紀後半の人で、普通はアクシラオスと綴る）がいる。この人はギリシア最初期のロゴグラポス（散文作家）で三巻の『系譜学（ゲネアーロギアー）』（現存しない）を著して、ヘシオドスの作品をいわば散文化したことで知られている。もう一人がエレア派の哲学者パルメニデス（前六世紀後半〜五世紀前半）である。いくつかの現存史料から、ある女神が「あらゆる神々のうちでまずエロースを工夫して創った」（「断片」13DK）とパルメニデスが語ったことがわかっている。この「ある女神」が誰かについては、学者間で意見が異なり、よくはわからない。この作品の後の方で、アガトンがこの女神を「アナンケー（必然）」としているが（195C）、これは後の人の解釈であって、パルメニデス自身が誰に同定したかは不明である（プルタルコスはアプロディテの名前を挙げている。『エロース談義』756E 参照）。

（3）『神統記』の後の箇所（722-723）によれば、天から青銅の鉄床（かなとこ）を落とすと、九日九夜で大地に着くとある。

要するに、エロースを崇拝すべきだというパイドロスの最初の理由は、エロースが原初神だからということにある。古ければなんでも善いとは言えないが、話が神さまなので、古い神は当然ながら尊崇の対象になるというわけである。古代ギリシアは多神教の世界である。唯一神を信仰の対象とするキリスト教世界にとっては異教の宗教であり、キリスト教の神は大文字の God であるのに対して、異教宗教の神は小文字の god でしかない。むしろ、八百万の神々の神話を有する日本人のほうが理解しやすいところがあると言えるだろう。

「愛」に関して言えば、『饗宴』で論じられる恋（愛）はキリスト教的なそれとは異質のものである。スウェーデンのプロテスタント神学者アンダース・ニーグレン（1890～1978）が書いた『エロースとアガペー』[4]（一九三〇－三六年）は、プラトン的な愛（エロース）に対するキリスト教的な愛（アガペー）の優位を説いている。[5] キリスト教の研究者はしばしばエロース（性愛）、ピリアー（隣人愛）、アガペー（神の愛）、ストルゲー（家族愛）の四つを区別する。神の愛をアガペーで表現するのは、例えば「われわれがまだ罪人であった時に、キリストがわれわれのために死んだことによって、神はわれわれに対する愛（アガペー）を示した」（「ローマ人への手紙」5,8）というようなパウロの言葉が典拠になるのだろう。けれども、古代のギリシア人がエロースをもっぱら性愛（セックスを伴う愛）に限って、アガペーと区別していたかというと、これはきわめて疑問である。そもそも古典ギリシア語にはアガペーはあまり登場しない。つまり、新約聖書には名詞形のエロースがほとんど登場しないのと対照的に、西洋古典ではアガペーがあまり出てこないだけのことである。また、エロースは通常は恋愛、性愛の意味を含んでいるが、プラトン『法律』に「富へのエロース」(831C) のような例もある。このように類型を示すのは便利だが、うまくいかないことも少なくない (ニーグレンの主張の評価については、本書の終章を参照されたい)。

一方で、エロースはしばしば「欲求」の意味で考えられているから、無償の愛とは区別されるべきであろう。ただ、無償の愛が古代ギリシアにはなかったとは簡単には言えない。無償の愛という言葉が、見返りを求めることなく相手を思うことを意味するのだとすると、そのような例は西洋古典にいくらでもみられるからである。後で出てくるアルケスティスの愛もそうした例だと言えよう。ただし、愛をその無償性に限って、これを強調することは、古代ギリシア人の思考にはなかったと考えられる。古代世界が多神教から一神教へ移っていくなかで、そのような相違点を探すようなことがおこなわれたというのは、十分にありうることである。

いささか脱線したので、パイドロスの演説に話を戻すと、彼がエロース讃美のために挙げる理由の

(4) Nygren, A., *Den kristna kärlekstanken genom tiderna : Eros och agape*, Stockholm, 1930-1936. 英語訳では書名の順序が変わっている。*Agape and Eros*, translated by P. S. Watson, Philadelphia, 1953.

(5) こうした論議は実は古代からあった。これについては、本書の終章を参照されたい。

第二は、エロースが「最も善いことの原因になっている」ということである。やや唐突の印象を否めないが、とにかく私たち人間におけるエロースの効用ということに話を移している。具体的に言うと、ちょうどホメロスの物語で、登場する英雄に神が力を吹き込むとその英雄は超人的なはたらきをするように（例えば、『イリアス』10, 482）、エロースもだれかを「徳に向けて神がかりの状態にする」（『饗宴』179A）ことで、その人に偉大な仕事をさせるということである。ここで言う「徳」は道徳的な意味ではなく、卓越性のことである。そして、「神がかり」の原語はエンテオス（ἔνθεος）で、文字通りには神がその者に入り込むということである。このモチーフは本書で何度も出てくるが、神が人間に入り込むことで通常では考えられないような卓越したはたらきをさせるのである（ただし、後述するように、エロースによって神がかりになるという考えは、ホメロスなどの古い時代には出てこない）。

ここでパイドロスはエロースのはたらきを「恥」ということに関係づけている。エロースが宿ることで、みっともない行為を恥じて、立派な行為をしたいという欲望にかられるという。その例として持ち出されるのが少年愛（パイデラスティアー）である。「はじめに」でも触れたが、これは成人男子と未成年男子との間の同性愛のことである。恋する人（エラステース）が、恋される人（パイディカ）にみっともないところをみられるのを最も恥じる。古代ギリシアの時代は、同性愛に対して寛容であるだけでなく、異性愛よりも同性愛を優位に考えるところがあり、『饗宴』の話者の演説にもその傾向が現れている。同性愛を抑圧したキリスト教教会の影響もあって、近代以降は同性愛についてはなにかこれを秘めて隠すべきものと考えられることが多くなったが、古代では、とくに前四世紀以降には公然とおこなわれていた。もっとも、ホメロスが描く世界にはその傾向がほとんどなく、一般には、前一一〇〇年以降に侵入したドリス人がもたらしたものと考えられているが、明確な論拠があるわけではない。[6]

けれども、エロースが宿ることで神がかりになることから同性愛へ導く議論のつながりは必ずしも明確ではない。パイドロスは『プロタゴラス』(315C)では、エリュクシマコスとともに、ソフィストのヒッピアスの取り巻きとして登場しており、また『パイドロス』の主要な話者でもあるが、彼が得意とするのはレトリック(弁論術)であり、しばしば論理的な必然性を欠如している。その点では、彼が挙げるエロース讃美の第三の理由でも同じである。

パイドロスはエロースの第三のはたらきとして「愛のために死ぬ」という例を挙げる。この原語であるギリシア語は「ヒュペルアポトゥネースケイン(ὑπεραποθνῄσκειν)」(179B)であるが、「殉死」(鈴木訳)とか「身代わりとして死ぬ」(森訳)というのは正確な訳ではなく、むしろ誤解を招くかもしれない。というのは、次に挙げる例で、アルケスティスはたしかに夫アドメトスの身代わりとして死

(6)この問題に関しては、ドーヴァー(2007)三〇〇頁以下参照。

のうとするのであるが、アキレウスの場合はそうではなく、友人のパトロクロスはすでに死んでいるからである。この言葉の意味は英語で言えば die for であるから、「他の人のために命を投げ捨てる」（朴訳）が原意に最も近い。このような例として、パイドロスは三つのケースを挙げている。原文にいくらか言葉を補って紹介してみよう。

(1)　テッサリア地方のペライの王アドメトスに死期がせまったとき、アポロンの神はだれか身代わりになって死ぬ者が見つかれば、彼の命は助かるだろうと告げる。それで王は老父母に懇願するが拒絶される。その時、妻のアルケスティスが身代わりとなることを決意する。この話はエウリピデスの悲劇『アルケスティス』に詳しいが、これによれば妻の葬儀にヘラクレスがやって来て、死神と格闘してアルケスティスを冥界から連れ戻すことになっている。同様の話は擬アポロドロス『ギリシア神話（原題ビブリオテーケー）』（I 9, 14–15）も伝えている。この著作は前二世紀に活躍した文献学者で『年代記（クロニカ）』の著者として知られるアポロドロスに擬して作られたもので、後一～二世紀の成立と考えられている。

(2)　竪琴の名手として知られるオルペウスは、妻エウリュディケが蛇に噛まれて死んでしまったのを取り返すために、冥界に降りていく。擬アポロドロス『ギリシア神話』（I 3,2）などの話では、冥府の神プルトンが「後ろを振り向かない」という条件で地上に帰ることを許したが、オルペウスが約束を破って振り返ったために、妻は再び冥界に帰ったことになっているが、『饗宴』ではアルケスティスのようにあえて死のうとせずに、生きたまま冥界に入ろうとしたために、神々は妻の幻影のみをみせて望みを遂げさせなかったことになっている。

(3) トロイア戦争の英雄アキレウス（アキレス）は、母親の海の女神テティスから、敵方の英雄ヘクトルを討ちとれば自分も死ぬ運命にあることを告げられるが、自分を愛してくれたパトロクロスの仇討ちのために、自分も死ぬという道を選ぶ。神々はこれを嘉して、彼を死後に「幸福な人々が住む島々（マカローン・ネーソイ）」に送った。これはヘシオドス（『仕事と日』171）などに登場する極楽世界であり、ホメロスだと「エーリュシオンの野（エーリュシオン・ペディオン）」（『オデュッセイア』4, 563）——フランス語で言えばシャンゼリゼ——になるが、同じものだと考えられる。

さて、これら三つのケースで、どのケースが一番優れているか。オルペウスはディオニュソス神を敬わなかったために、神を信仰する女性たちによって八つ裂きにされ、殺されたと言われる（アイスキュロスの失われた悲劇『バッサライ』にこれについての記述があったとされる）。これは神々の処遇だとも言えるだろう。さらに、オルペウスはアルケスティスのようにあえて死ぬことはせず、生きたまま黄泉の国（ハデス）に入っていったわけだから、実際には死んでいないのである。したがって、オルペウスのケースは最下位だとパイドロスは言う。そもそも実際には死んでいないのに、「他人のために命を投げ出す」ことの例に挙げるのは不可解なのであるが、あえて死を選ばなかったということで、これを一番劣った事例にするのである。

それでは、アルケスティスとアキレウスはどちらが優位にあるのか。パイドロスはアキレウスのケースのほうが優れていると主張する。これも弱論強弁の印象を否めない。アルケスティスは夫アドメトスを愛するあまり死を選んだが、一方、アキレウスは自分を愛してくれたパトロクロスのために死んだ。パイドロスによると、悲劇作家のアイスキュロスは、アキレウスがパトロクロスを愛していたとしているが（おそらくアイスキュロスの散逸した作品『ミュルミドン』）、これは間違いで、アキレウスの方がはるかに若く、髭もまだ生えていなかったのだという。この二つのケースを比較すると、(1)恋する者（エラステース）が恋されている者（エローメノス）のために死ぬよりも（アルケスティス）、(3)恋されている者（エローメノス）が恋する者（エラステース）のために死ぬほうが（アキレウス）尊い。なぜなら、恋する者は神に憑かれている（エンテオス）のであるからより神的であり、神的なもののために死ぬ恋のほうがより尊いという理由である。

冷静に考えれば、パイドロスの話はおよそ説得力に欠けている。先に述べたように、オルペウスは竪琴を駆使して冥界に降りたというのが伝説であるから、そもそも「だれかのために死ぬ」恋の事例だとは言えないだろう。

また、アキレウスの事例は、パトロクロスのために死ぬ（ヒュペルアポトゥネースケイン）というよりも、後の箇所で（180A）言い換えられているように、彼の後を追って死ぬ（エピアポトゥネースケイン）と言ったほうがより適切である。パトロクロスはすでに死んでしまっているからである。

さらに、アルケスティスとアキレウスの比較でも、アイスキュロスの例もあるように、アキレウスが恋される人か恋する人かのどちらであるかははっきりしない。しかも、パイドロスはここで異性愛と同性愛を比較しているようにもみえるが、ホメロス時代において、アキレウスとパトロクロスの関係が同性愛であったことを示す証拠はなにもない。

したがって、パイドロスのこの恋愛比較は納得しがたいところが少なくないと言えるだろう。しかし、この演説において注目すべきことが一つある。それは恋に陥ることを、エロース神の憑依とみなしている点である。私たちはなにかの着想を得たときに、インスピレーションがわいたなどと言う。inspiration はなにかに inspire されることである。なにかが吹き込まれる、霊感をあたえられるとか言うが、古代ギリシア人はこれをエントゥーシアスモス（ἐνθουσιασμός）と表現した。それは霊感、熱狂、狂気などを意味するが、文字通りには、神（テオス θεός）が中に（ἐν）入り込むことである。これは本書の主題と関係しているので、この点に留意して次の演説に移ろう。

3 パウサニアス演説

実は、パイドロスの後に何人かの人が話したのだが、それらは省かれ、次にパウサニアスの話に移る。パウサニアスという人は、先に言及した『プロタゴラス』のほかに、歴史家であり哲学者でもあったクセノポンの『酒宴』(8,32)にも登場しており、アガトンに恋している人(エラステース)だと言われている。そういうこともあってか、『饗宴』においても熱心に少年愛を弁護する立場の人として描かれている。

パウサニアスの関心は、エロースとはそもそも何であるかという問題にはなく、エロースには二種類のものがあるが、どちらが賞讃に値するものなのかというところにある。これはエロースと結びつけられることの多い、愛の神アプロディテにも二種類のものがあることと関連している。エロースは「恋する、愛する」を意味するエラーン(ἐρᾶν)という言葉に由来し、こうしたはたらきを擬人化したものであるが、一方のアプロディテのほうはもとセム系の豊穣の女神であり、メソポタミアのイシュタル(Ishtar)、フェニキアのアスタルテ(Astarte)と同一視されており、エロースのような擬人化の意味はない。

ヘシオドスの神話では、天の神ウラノスがわが子クロノスによって大鎌で去勢され、その性器が海に落ち、そこから出る泡から生まれた(アプロゲネース ἀφρογενής)女神がアプロディテ(Ἀφροδίτη)であり、アプロディテ崇拝で知られたキュプロス島に流れ着くことになっている(『神統記』188以下)。ボッティチェッリが描く《ヴィーナス誕生》はこの逸話を題材にしている。一方ホメロスでは、アプロディテはゼウスとディオネの間に生まれた娘として描かれている(『イリアス』5, 370)。すなわち、ゼウスを中心とするオリュンポス神族とクロノスを中心とするティタン神族との間の戦争(ティーターノマキアー）の後に生まれ、オリュンポス十二神の一人に列せられる。

このようにアプロディテには二つの伝説があるが、パウサニアスはこれをエロースにも当てはめる。すなわち、男性（ウラノス）から生まれた年長の「天上のアプロディテ（アプロディテ・ウラニア）」と男女（ゼウスとディオネ）の間に生まれた年少の「地上のアプロディテ（アプロディテ・パンデモス）」がいるが、これと同様に、「天上のエロース（エロース・ウラニオス）」と「地上のエロース（エロース・パンデモス）」がいるというわけである。二神のアプロディテを区別するのは、アプロディテ・ウラニアの神殿の存在などから（歴史家のパウサニアスの『ギリシア案内記』1,14,7参照）、一般に認められたことであったが、これをエロースに適用したというところが新しいということになる。

パウサニアスがこのようにエロースに二神を立てたのは、異性愛に対して同性愛を、肉体への愛に対して精神的な愛を優位に置きたいからである。地上のエロースすなわち異性愛は、相手の肉体を目指し、愚かなものを恋の対象とするのに対して、天上のエロースすなわち同性愛は、生まれつきより強く、より多く知性をもった人々に対して愛情を抱き、年端のいかぬ少年ではなく、すでに知性をもち始めた少年を目指す（181B–D）。

ただし、パウサニアスは同性愛であればどの場合にも認められるとは考えていない。この点については、パウサニアスが恋愛の慣例が地域ごとに違っていると主張していることが目を引く。つまり、同性愛に関しては、アテナイとラケダイモン（スパルタ）では賛否こもごもと複雑だが、エリス、ボイオティアなど知性において劣る国では公然と認められ、イオニアなど異国人が支配するところではこれを恥としているという（182B）。イオニア地方とは小アジア（今日のトルコ）の沿岸地域を指しているが、『饗宴』が執筆された時期には、ペルシアの支配下にあったからである。[7] パウサニアスは、この地域では愛知（哲学）や体育競技まで恥とされているが、それは被支配者の間に大きな心意気が生まれると支配者側にとって不利益だから、という理由を述べている。

このパウサニアスの発言からは妙な印象を受ける。なぜなら、古典文献をみるかぎり、少年愛の風習はとりわけクレタ島やラケダイモンにみられるからである。そのために、ギリシア語原文を修正して、ラケダイモンを次のエリスなどとともに読もうとする試みもあるが、おそらくこれは正しくないであろう。クセノポン『ラケダイモン人の国制』（2, 12-13）にも、少年の肉体のみを目指すエリスやボイオティアとは異なり、ラケダイモン人は少年が優れた人間になるように努力する場合に限ってだけ少年愛を認めるという記述がみられるからである。

いずれにしても、パウサニアスは、アテナイにおける恋事情を観察すると、同性愛を善いとみなす場合と悪いとみなす場合があることがわかると言う。これを善いとするケースであるが、まず隠れた恋愛よりも公然とした恋愛が立派だとされ、おおっぴらに恋愛関係が認められている。さらに、人がだれかを愛していたりすると、みながはやしたて、応援したりすることがあるが、それはその行為が立派だと考えられているからである。そんな時には、恋を成就すると立派だとみなされ、失敗すると恥とされている。ところが、恋される人の親の態度を見ると、子供にはパイダゴーゴス（παιδαγωγός）と呼ばれる奴隷をつけて、これを監督させ、自分の子供に言い寄る男たちと話をさせないように厳重に監視したりする。また、子供と同年代の者や仲間に思いを寄せてくる男がいると、同様にこれを許さず、非難の言葉を浴びせたりする。これはどうしてかと言うと、このアテナイという国では、恋愛関係が単純に善いとか悪いとか考えられていないためである。

パウサニアスはアテナイにおける複雑な恋愛事情の原因を次のように説明している。つまり、エロースというものは単純に善いとか悪いとかいったものではなく、それ自体では善でも悪でもないが、善きしかたでおこなえば善き恋愛となり、悪しきしかたでおこなえば悪しき恋愛となる（183D）。では、悪しき（恥ずべき）恋愛と善き（立派な）恋愛はどのように区別されるのか。それはつまり、劣悪な相手の気持ちを劣悪なしかたで受け容れると悪しき恋愛となり、優れた相手の希望を優れたしかたで満たせば善き恋愛となる。ここで先ほどの天上的な恋愛と地上的な恋愛が再登場する。劣悪な人物は地上的な恋を目指し、魂（精神）よりは肉体を求める。肉体を求めるがゆえに、その恋も永続的なものではなく、恋する相手の肉体が色あせると、それまでの言葉や約束をないがしろにして、相手の許から

（7）朴訳プラトン『饗宴／パイドン』四一頁訳注⑾参照。

去っていく。けれども、相手の魂の優れた性格に恋する者は、恋愛も永続的であり、いつまでも相手の許に留まるのである。

このパウサニアスの演説には、注目すべき点がある。恋（エロース）は単純に一つのものではなく、善きものと悪しきものがあり、そのうち善きもの（善き恋愛）を目指さねばならないと言われていた。これは言い換えれば、恋（エロース）はそれ自体としては善でも悪でもない（前述の傍点部分）ということである。この点は、ソクラテスが語るディオティマの演説でも受け継がれ、エロースは善悪の中間的な存在として、再登場することになる。

次の演説者はエリュクシマコスであるが、話者のアリストデモスによれば、「パウサニアスが話を終えたので（Παυσανίου …παυσαμένου パウサニウー…パウサメヌー）」、順番では次は喜劇作家のアリストパネスだったが、あいにくしゃっくりが出て止まらない。それで、アリストパネスは医師であるエリュクシマコスに「僕のしゃっくりをとめるか、代わりに話すかしてくれ」と懇願すると、エリュクシマコスは、「その両方をしてやろう」と言って、しゃっくりの止め方を伝授するとともに、話のほうも受け継いだのである。なお、エリュクシマコス（Ἐρυξίμαχος）という名前は、「しゃっくり（リュンクス）」と「戦う（マコマイ）」を含意するから、筆者プラトンの記述は遊び心にあふれ、語呂合わせを楽しんでいるように思われる。

4 エリュクシマコス演説

エリュクシマコスは、エロースに二種類のものを認めたパウサニアスの話を受け継ぎながら、しかしこの二種類の原理は人間だけでなく、森羅万象にみられるものであると主張する。エリュクシマコスは医神アスクレピオスの末裔を自認する医者である。ペロポネソス半島の東部の都市エピダウロスには、医療の神として広く尊敬を集めたアスクレピオスの神域があり、治療の霊場としてギリシア世界に知られた。この霊場に患者を受け入れた世話人たちが、後に医者（イーアートロス）と呼ばれるようになる。

これまでのエロース讃美は主に神話のかたちで語られていたが、エリュクシマコスは当時の医学理論に基づいて話すことになる。もろもろの肉体の本性には、健康なものと病的なものという反対的な性質をもったものが存在している。そして、健康なものに向かうエロースと病的なものに向かうエロースがあるが、前者を促進し後者を押しとどめる役割をするのが医学である。彼は医学を次のように定義する。

医学とは、かいつまんで言えば、「充足」と「排出」を求める肉体の恋現象（エローティカ）についての知識であり、こうした現象におけるよきエロースと悪しきエロースを識別するものこそ、最も医術に秀で

た人である。（186C）

ここで「識別する」と訳した動詞はディアギグノースケイン（διαγιγνώσκειν）という当時の医学用語で、今日の診断（diagnosis）の元となった言葉である。ヒポクラテス文書には、これとよく似た表現をした文章が残されている。

充足は排泄によって、排泄は充足によって、疲労は休息によって癒される。かいつまんで言えば、**反対のものが反対のものを癒す**のである。なぜなら、医学とは除去と付加であり、過剰なものを除去し、不足するものを付加するものであるから。（『体内の気息について』1　強調引用者）

同様の思想はほかのヒポクラテス文書にもみえるが（『人間の自然本性について』9）、エロースへの言及はないから、プラトンはエロースに言及することで、ヒポクラテスの医学思想のパロディを語らせているのだと思われる。

いずれにせよ、エリュクシマコスの演説には、優れたエロースと劣ったエロースを区別するパウサニアスの議論を受け継ぎながら、これを神話ではなく自然学の立場から説明していくところに新しさがあると言えよう。さらに、エリュクシマコスはこれを医学のみならず、あらゆる事象に適用しようとするのであるが、そのさいに重要なキー・ワードとなるものを持ち出す。すなわち、調和（ハルモニアー）である。

ここで彼は、小アジアのエペソスの出身で、その言葉が晦渋で難解であることから「暗い人」（明瞭でないことを語る人の意）というあだ名のあるヘラクレイトス（前535頃～475頃）の言葉を引用する。

> ちょうど弓や竪琴の調和のように、それ自身がそれ自身と対立しつつ和合している。（187A＝ヘラクレイトス「断片」51DK）

パウサニアスは引用の中に入れていないが、ヘラクレイトスの言葉には「調和」の語の前に形容詞が置かれていたことがわかっている。それがヒッポリュトス（後170頃～236頃）の伝える「逆方向に働く（パリントロポス）」（『全異端派論駁』IX 9）なのか、あるいはプルタルコス（後45頃～120頃）の伝える「逆方向に引っ張る（パリントノス）」（『イシスとオシリスについて』369A）なのかについては、学者間で意見の相違がみられるが、そのいずれであれ、調和が互いに対立するものの中に生まれると考えられている。

パウサニアスによれば、ヘラクレイトスの言葉にあるような関係を最も明瞭にみてとれる事象が音楽である。高音と低音が互いに対立しながらも、それによって協和音（シュンポーニアー）を作り出す。つまり、音楽も医学と同様に、あらゆる反対的なものの中にエロースや協調関係を作り込むものだとみなされている（187D）。

エリュクシマコスはさらにこの関係を一年の季節の中にも見出す。季節も熱と冷、乾と湿など反対的な性質のものが、相互の関係によって秩序を生み出すとき、人間や動物たちに季節の恵みと健康を作り出すが、勝手気ままなエロースが優勢になると、多くのものを損なうことになる。人間だけでなく自然界のあらゆる事象を、エロース（恋）の現象とみなすことには、少し無理があるという印象は否めないが、神話のエロースが人間の恋事情だけでなく、広く解釈される可能性があるということであろう[8]。

私たちの目的であるプラトン的エロースの理解のためにはこのあたりで十分だとして、次のアリストパネスの演説に移ろう。

5 アリストパネス演説

喜劇作家アリストパネスが語る物語は比較的よく知られており、一見荒唐無稽に思われるその内容から、この対話篇における意義が見失われがちになる。研究者の間でも、ある種の茶番とも言うべきもので、哲学的な意味合いはなにもないとみなされるのが普通である[9]。けれども、よく注意すれば後続のディオティマの話につながっていくところがある。しかしまずは、その話の概要を紹介することにしよう。

人間の種族には現在のように男女の二種類ではなく、男女に加えて、両性を分けもつ第三の種族もいた。この種族はアンドロギュノス（文字通り、おとこおんな）と呼ばれた。これら三種類の人間たちは、姿かたちも現在のとは違っていて、球形で手足がそれぞれ四本あり、顔は二つ、頭は一つだが、顔は互いに反対の向きについていた。さらに、耳は四つで、性器も二つあった。移動するときには、直立で歩行することもあるが、急ぐときには、踊り子たちがとんぼ返りを打つように、足を回転させながら進んだ。

どうして形が丸くて、このような進みかたをするかというと、男は太陽の子孫であり、女は大地（地球）の子孫であるため、その形状をまねているからだと言う。アンドロギュノスのほうは月の子孫である。これについての理由は書かれていないが、月は太陽によって満たされ、身ごもるが、同時に生成の源である精子を大気中にまき散らすため、両性具有のものと信じられていたからであろう（プルタルコス『イシスとオシリスについて』368D）。

原初の人間たちは強さも腕力も恐るべきものであったので、その心も驕慢であった。そのため、みずからを誇る気持ちから神々を攻撃しようとした。同様の挑戦は、かの巨人族（ギガンテス）にもみら

（8）より詳しくは、Rowe (1999) pp.53-64を参照されたい。

（9）Guthrie (1975) p. 384: "comic burlesque". Rowe も同様な評価を下している。Rowe (1998) p.9: "imaginative but otherwise useless aetiology of sexual intercourse".

れたが、ゼウスが巨人族に対してしたように雷電で打ってしまうと、人間の種族を絶滅させてしまうことになる。そこでゼウスは一計を案じ、彼らのそれぞれを二つに切断して、その力を弱めることにした。ナナカマドの実を切って漬物にしたり、ゆで卵を髪の毛で切ったりするように、人間たちを二つに切ると、医療の神アポロン(10)に治療を命じた。そこで、アポロンは人間の顔と首を切り口のほうに向けかえ、皮膚を引っ張ってお腹のところに集め、その中心部で縛り上げた。これが臍(へそ)と呼ばれるものである。

半身になった人間たちは、自分の半身に恋い焦がれ、合体することを求めながら空しく死んでいった。そこで、ゼウスはこれを憐れんで、もう一つ工夫をした。彼らの性器を前のほうに移したのである。それまでは人間は蝉のように地中に子を産みつけていたが、これによって男女が出会うと結合して子を作り、種族が滅亡するのを防ぐことができるようになった。人間がお互いを求めあうこの衝動こそ恋(エロース)であり、恋こそ人間の原初の本性を回復させるものである。

ところで、人間には男と女とアンドロギュノスの三つの種族がいたが、アンドロギュノスから分かれた半身は、男好き、あるいは女好きとなる。男と女から分かれた半身は、異性ではなくそれぞれ同性を求める。そして、男から分かれた半身は、少年の間は大人の男に恋い焦がれ、大人になってからは少年を愛するようになる。ここでも男性同士の同性愛は、異性愛よりも優位に置かれているようであるが(192A)、恋愛は自分自身のかつての半身を希求するものというふうにとらえられる。つまり、一言でいえば、エロースとは「一体化を求める欲望や追求」（193A）にほかならないのである。

これまでの演説をふりかえると、パイドロスからパウサニアスの演説においては、単純なエロースへの讃美から、善きエロースと悪しきエロースに区別され、善きエロースを求めるべきだとされたのであるが、エリュクシマコスはエロースの権能を人間の事象から医学や音楽その他の事象にまで拡大した。これまではいわば単線的に議論が進んできたが、アリストパネスの演説においては、人間の本源的なありかたから新たに議論が起こされたと言える。それとともに、この演説においてエロースに関する新たな点が加えられている。それは「生殖」である。テキストの表現では「アプロディテに関わる事柄の交わり（アプロディシオーン・シュヌーシア）」である。

よく注意すると、アリストパネスの神話では、傲慢な原初の人間たちへの対応は二段階に分かれていることがわかる。第一段階は、人間の切断による力の弱体化である。しかし、切断された人間たちはもう一方の半身を求めながら果たせず、次々と死んでいった。そこで次の段階として、ゼウスは新たな工夫をする。それが、第二段階となる生殖器の移動である。かつては体の後ろ側にあった生殖器

（10）テオプラストスは『植物誌』（3,12,6）において、ナナカマドには雌雄の別があると述べている。雄がセイヨウナナカマド（*Selbus aucparia*）で、アリストパネスが言及しているのは雌（*Selbus domestica*）のほうである。こちらは卵形の実をつける。

を前に移すことによって、生殖を可能にして、男女が交わることで子を産めるようにして、同性の間であっても、交わることで満足感だけは得られるようにしたのである。

さらによく注意して読むと、この神話はもう一つ新しい点を含んでいる。エロースのはたらきは、欠如したものを満たすことによって、完全性を回復しようとすることにあると考えられている。アリストパネスの物語はそれ自体で完結したものであるが、同時に後の話と連関したものをもっている。すなわち、(1)エロースは生殖に関わるものであること、(2)エロースは欠如したものを補うことで、全体として完全性を回復するものであることである。こうした二つの論点は修正を受けながらも（205E）、ソクラテスが語るディオティマの話の中に生かされていくのである。

6 アガトン演説

次に語るのは、この宴会のホストである悲劇作家アガトンである。アガトンはアリストパネスの『女だけの祭』にも登場しており、新進の作家として紹介されるとともに、女性的な仕草などをからかわれるような人物である（『女だけの祭』191-192）。『饗宴』ではアガトンは、これまでの話者はエロースが人間にどんなはたらきをするかを語ったけれども、そもそもエロースそのものが何であるかを明らかにすることなく讃美していたと言っている。アガトンによれば、神々は幸福な存在であるけれども、エロースはその中でも最も幸福なものである。なぜなら、エロースは最も美しく、最も善きものだからである。この主張は、この後のソクラテスの演説において批判される。その点は後で触れるとして、アガトンがこのように主張する理由にはいくつかある。

　アガトンは最初にパイドロスがエロースは最も古い神であると言ったことに異を唱える。むしろ、最も新しい神、最も若い神だと言うのである。なぜなら、恋愛は年をとること、老齢を最も憎むからである。常に若さとともにあるのが恋愛である。したがって、パイドロス説がよりどころとしたヘシオドスその他の説にも反対することになる。ヘシオドスによれば、エロースは原初の神々のひとりになるが、そんなに古くからエロースが存在していたのであれば、物語で語られるような神々同士の争いなどなかったはずである。アガトンは言う。「この神は最も華奢(きゃしゃ)で、最も若く、さらに加えて、容姿もみずみずしい」(196A)。「華奢な」と訳したハパロス(ἁπαλός)というギリシア語の形容詞は、やさしく、優雅で、しなやかなといった意味合いの言葉である。そういう神がいれば争いごとなど起きなかったであろう。このような意味において、エロースは友愛と平和とをもたらす美しい神であると言うことができる。

　次に、アガトンはエロースがどこに住まうのかを問題にする。エロースはその性状から最も柔らかいものに住まう。エロースは人の魂(心)に宿るが、硬い性格の魂を嫌い、軟らかな性格の魂に住みつくことを好む。つまり、恋愛の情はひからびた魂ではなく、柔らかく、しなやかな魂を好むのである。ここで注意すべきは、エロースは老人には宿らないとは言っていないことであろう。むしろ老若を問わず、心がしなやかで、そして若くあれば、エロースはそこに住みつくわけである。

アガトンはさらにエロースの性状として、いわゆる「徳」（アレテー）を分けもったものであると言っている。徳については先にも述べたが、いわゆる道徳の意味合いではなく、優れた性質、卓越性の意である。それは正しさ、節度、勇気、知を含んでいる。勇気の例を挙げると、戦争の神アレスといえども、エロースには太刀打ちできないとされる。アレスと言えば、絵画などでも取り上げられるアプロディテとの恋愛があるが、これはホメロス『オデュッセイア』（8, 266–366）などで描かれる両神のいわば不倫物語で、二人はアプロディテの夫であるヘパイストスによって現場を押さえられ、縛られてしまうのであるが、もとはと言えば、エロースの力にアレスが抗うことができなかったからである。これをエロースの勇気と結びつけることには無理があると思われるかもしれない。けれども、当時に勇気としてイメージされるのは戦争において武勲をたてること、つまり武勇なのであるが、戦争の神であるアレスでさえエロースにはかなわないのだとすると、勇気はむしろエロースにあることになる。

さらに、神々がおこなったさまざまな業は、美しいものに向かうエロース――醜いものに向かうエロースなど存在しないから――が神々に宿ることによって生まれた。ヘシオドスなどの話にあるような神々同士の争いは、必然の神（アナンケー）によって起こされたのであるが、この神が生まれ、美しいものを恋する気持ちが芽生えることで、あらゆる善きものがこの世界に生じたのである。かくして、エロースはそれ自身が最も美しく、最も善きものであるだけではなく、そうしたものを生み出す原因でもあることになる。

アガトンが以上のような演説を終えると、一同は拍手喝采を送る。もちろん会のホストが話したのだから当然とも言えるだろうが、今日の私たちの目には、先のアリストパネスの物語が奇抜で面白い分だけ、アガトンの演説には興味を惹かれるところはあまりないようにみえるかもしれない。けれども、先にも述べたが、ソクラテスの演説に結びつく伏線がある。この点では、書き手のプラトンの手法は実に巧妙である。これについては次章で触れることにしよう。

アガトンが話を終えると、次の演説者となるソクラテスは、「これほど美しく、ありとあらゆる彩りの話が語られた後でなにかを語るとすれば、僕でもほかのだれでも途方にくれないことがあるだろうか」（198B）と言う。それいわないことではない。もう話すことなんかないじゃないか、というわけである。ここでソクラテスは、アガトンの演説で弁論家のゴルギアスのことを思い出したと言っている（198C）。翻訳文では再現がほぼ不可能であるが、アガトンの話には同音の反復やシンメトリカルな構造など、修辞的な工夫が連続した文章になっている。そのために、人を石に変えてしまうという伝説をもつ妖怪ゴルゴンの頭のように、ゴルギアスの頭が襲ってきて、声も出ないようにしてしまうのではないか、とびくびくしているとソクラテスは言う。もちろん、これはソクラテス一流の「皮肉」、いわゆるエイローネイア（空とぼけ）である。ソクラテスが話に困るようなことは、無論ないわけである。

第2章……哲学的エロース

アガトンの演説で、エロース讃美はクライマックスを迎えるが、次のソクラテスが語るエロース論は、これまでの演説者が語るいくつかの伏線を踏まえながらも、まったく新しい論点を提供している。それは哲学的なエロース論であることである。まず、前置きとしてソクラテスはアガトンを相手に問答をおこなっている。この問答の形式をディアレクティケーという。技巧を駆使しながら一人で一方的に論を展開するのがレートーリケー（弁論術、修辞学）であるのに対して、二人の間で（ディア）で議論（ロゴス）を繰り広げるのが、ディアレクティケーすなわち問答法である。問答の場合には、相手の言葉じりをとらえて、その意味を吟味し、反論を唱えることが可能となる。これをエレンコスという。反駁の意味である。

ソクラテスはアガトンに質問をする。この問答を原文をより簡略にして紹介しよう。

ソクラテス　そもそもエロースとはどのようなものであるのか。エロースはただエロースとしてあるだけなのか、それともなにかのエロースとしてあるのか。例えば、父親、母親というのは単独でそれらであるわけではなく、だれかの父親あるいは母親であることによって、父親とか母親とか言われるのではないか。

アガトン　その通りです。

ソクラテス　さらに、エロースは愛するものであるが、単に愛するものとして存在するわけではなく、なにかを愛する、なにかの愛として存在するものではないのか。

アガトン　その通りです。

ソクラテス　では、愛するということを欲求するということに置き換えてみると、エロースはなにかを欲求するものであることになる。その場合に、エロースはそのなにかが自分に欠けているから、それを欲求するのではないか。もしそれをもっていれば欲求することはなく、自分にないからこそそれを欲求することになる。

アガトン　その通りです。（199C–200E の簡略化された引用）

ここで二つの点について同意されている。

(1)　エロースはなにかのエロースであること（なにかを欲求するからこそエロースである）。

(2) エロースはそのなにかを所有していないこと（自分に欠けているからこそ、それを求めるのである）。

問答はさらに続く。

ソクラテス 君は神々がおこなった業は、美しいものへのエロースによっておこなわれたと言っていた。しかし、エロースが美しいものへの愛だとすると、エロースはその美しいものをもっていないことになるのではないか。とすると、美しいものをもたないエロースは、その性状をもっていないのだから、美しいものではないことになる。また、エロースが善きものへの愛だとすると、同様にエロースは善いものをもたないわけで、善いものではないことになるだろう。

アガトン その通りです。（201A-C の簡略化された引用）

(3) エロースが美しいもの、善きものを欠いているのであれば、エロースは美しいものでも善きものでもないことになる。

第三の点にアガトンはしぶしぶ同意しているが、ここで哲学的問答をするにあたって重要な点を、ソクラテスは言い添えている。「反論できないのは、真理に対してなのだ。ソクラテスに対してなら、反論することはなにもむずかしくないからね」（201C）。私たちは相手と議論し、時には激高して喧嘩になったりするが、重要なのは議論の相手ではなく、その事柄が真実かどうかということなのである。この問答を踏まえたうえで、ソクラテスが演説を始めるが、エロースに関する自説を展開するのではなく、ある人物から聞いた話として紹介している。その人物とは、ペロポネソス半島のアルカディア地方東部の町マンティネイア出身のディオティマという女性であるが、実在の人かどうかは疑わしい。前四三〇年頃にアテナイを襲った有名な悪疫（ペストではないかとされている）があり、トゥキュディデスの『歴史』でも言及され、政治家ペリクレスはそれが原因で亡くなるのであるが、『饗宴』にはこのディオティマが祈祷することで、悪疫の流行を一〇年ほど遅らせたと書かれている。これが史実かどうかはわからない。

もともと『饗宴』は、最初に述べたように、アポロドロスという人物が、かつてアガトンの家でおこなわれた宴会の模様を人に語るという設定になっているのであるが、このアポロドロスがその宴会に同席していたわけではなく、参加していたアリストデモスから当時の模様を聞いたのを話している。さらに、宴会に関する情報源はほかにもあって、そちらからの情報も含めてアポロドロスが語っているわけであるが、このかなりややこしい情報の伝達は、この饗宴なるものの虚構性を暗示していると考える研究者もいる。右のソクラテスの問答は歴史上のソクラテスを彷彿（ほうふつ）させるものだと言えるが、後出のいわゆるイデア論はソクラテスその人よりは、むしろ作者のプラトンに帰するのが一般的である。したがって、ディオティマの演説も実在の人のものというよりも、むしろプラトンの創作だとみるのが自然であるように思われる。こうしたことを前置きとして述べたうえで、その議論をみることにしよう。

1 中間者としてのエロース

最初に、ディオティマとソクラテスは、ちょうどソクラテスとアガトンの間で交わされたのと同じ問答をすることから始める。ソクラテスは、アガトンと同じように、エロースを偉大な神であり、美しいものを求めると言うと、たちまちディオティマはこれを反駁して、エロースはそれ自体として美しいものではないと言う(201E)。ソクラテスが、「では、エロースは醜いものなのか」と尋ねると、ディオティマは「言葉を慎みなさい。美しくないものはなんでも必然的に醜いものなのか」と尋ねる。つまり、知と無知の場合にも、知がなければ直ちに無知というわけではなく、その中間的な状態として判断(思わく、ドクサ)があるじゃないかと言う。少し説明を加えると、AがBであると考えるとすると、その考えている状態が判断である。「思われる」という動詞をギリシア語ではドケイン(δοκεῖν)と言うが、ドクサ(δόξα)はその名詞形で、なにかを思っている状態を言う。そして、事実AがBであったのなら、それは正しい判断だと言えるが、まだ知であるとは言えない。知であるためには、そのことの説明ができなければならない。この説明するということをギリシア語では、ロゴン・ディドナイ（λόγον διδόναι）つまり、ロゴス（言葉、理由）をあたえると表現する。AがBである理由をあたえることで、その判断は知、知識となるわけである。この判断は、そのことを知らないという無知とは違っているから、知と無知との中間にあることになる。

ディオティマはこの議論をエロースにも適用する。ここで前提になっているのは、エロースが美しいものや善きものを欲求する者であるということである。先のアガトンとの問答で示されたように、欲求するものは、自分がそれをもたないから欲求するはずである。とすると、エロースは美しいもの、善きものを欲求するのであれば、それらをもっていないはずである。したがって、エロースは美しいものでも、善きものでもないことになる。

ディオティマはさらに進んで、エロースは偉大な神と言われているが、そもそも神ではありえないと言う。ここでも、神は幸福であるということが前提になっている。神は美しいもの、善きものをもつがゆえに、幸福な者である。しかし、エロースは右の議論によって、それらをもたないことが示されたから、神とは言えなくなる。「では、エロースは死すべきものなのか」とソクラテスは尋ねる。古代のギリシア人にとって、「不死なるもの」（アタナトス）と「死すべきもの」（トゥネートス）の峻別は重要な意味をもっている。神々は前者であり、人間やその他の生きものは後者である。ギリシア人は常にこの区別を頭において考えるから、ソクラテスはこのように訊いたわけであるが、ディオティマはエロースが不死なるものでも死すべきものでもなく、「偉大なるダイモーン」だと答える。

ここでダイモーンがいきなり登場するが、ダイモーンと呼ばれる存在について説明しておこう。ホメロスを読むと、ダイモーンが登場するが、これは「神」とほとんど同じ意味である。

> 女神はオリュンポスのアイギス（ヤギ皮の盾）をもつゼウスの館へ、ほかのダイモーンたち（神々）の許へ立ち去った。（『イリアス』1, 222）

もっとも、ギリシア語で神は通常テオス（θεός）と書くが、ダイモーン（δαίμων）とは語のニュアンスを異にしている。テオスが人格神であることを強調するのに対して、ダイモーンは非人格的な神格を表現する場合が多い。ダイモーンは動詞のダイオマイ（δαίομαι）すなわち「分配する」を語源とすると言われているが、[1] 分配の意味から各人に配分された運をも含意する。したがって、ダイモーンが善いものであればエウダイモーン（εὐδαίμων）すなわち「幸福な」、悪いものであればカコダイモーン（κακοδαίμων）すなわち「不幸な」の意味になる。さらに、ダイモーンは個々人の運を司る守護霊にもなりうる。ダイモーンをしばしば「神霊」と訳すのはそのためである。この神霊は常にその人にとって善きものであるとはかぎらず、悪い場合もある。右のカコダイモーンは不幸なという意味よ

（1） Cf. Frisk (1973–79) s.v. Δαίμων.

りも、悪しき霊にとり憑かれるという意味で用いられるのが普通である。もっとも、ダイモーンそのものに善悪の意味はなく、これがいわゆるデーモン（demon）すなわち悪霊の意味で使われるのは、聖書や後代になってからのことである。[2]

ダイモーンのおおよその意味は右のようなものであるが、ディオティマはこれを不死なるものと死すべきものの「中間者」（202E）とすることによって、時として曖昧に用いられていたこの存在に明確な位置づけをしたと言えるだろう。そのダイモーンの一つとしてエロースが考えられたわけであるが、エロースがなぜ中間的な存在のダイモーンであるかについては、まだ説明がされていない。そこで、ディオティマはエロースの出生について次に語ることになる。

2 エロース誕生の神話

エロース誕生の次第は以下のようなものである。アプロディテが誕生したときに、神々の間で祝宴が開かれる。その中に女神メティスの子ポロスもいた。母親のメティスはヘシオドス『神統記』（358）などに登場する知恵の神であり、比較的知られているが、その子とされるポロスはほとんど知られていない。わずかに抒情詩人のアルクマン（前630頃）の宇宙生成論にポロスという名が登場するくらいである。アルクマンが語るポロスは、エジプトのオクシリンコスから出土したパピルス断片（Pap.

Oxyrhynchus no.2390）の第二欄に、「素材（質料）が秩序づけられ始めたとき、いわば端緒として、ある種のポロス（道）が生じた」（col.2 Page）とあるだけで、これが固有名なのかどうかも不明である。ただし、普通名詞のポロスは、渡し、通路、空気孔、さらに転じて工夫、方策など、一般になにかをなしとげるための手段の意味になる（間違って理解されることがあるが、富の意味はない）。おそらくポロスはこのような意味の普通名詞が神格化したものとみるのが自然であろう。とにかく、このポロスの神がネクタル（神酒）に酔っ払って、そこで眠り込んでしまう。

物乞いをするためにやって来たペニアが、自分は困窮しているために、ポロスの子供を得たいと思って、そばに横たわり、それでエロースをみごもった。このペニアは「貧窮」を意味する女性名詞であるが、エロースは不死なるものと死すべきものとの中間者であるから、女神ではなく死すべきものだと考えねばならないだろう。もちろん、これは神話風に作られた物語であるから、死すべきもののうちの何であるかはそれほど重要ではない。むしろ、エロースがポロス的性格とペニア的性格の両方を分けもっていることに重点が置かれている。

ペニアは万事がうまくいかず、融通を欠いていたのに対して、そこに正反対の性質をもつポロスと

（2）Cf. Wilamowitz-Moellendorff（1931-32）I S.362 ff.; Nilson（1949）pp. 165-167.

交わったわけであるから、間に生まれたエロースは、この母親と父親の両方の性質をもつことになる。

エロースは常に貧しく、多くの人々が考えているようなしなやかで、美しいどころではなく、むしろこわばり、干からびて、靴もはかず家もなく、いつも地面に横になり寝床もなく、戸口や道端など露天で眠る。というのも、母親の自然本性をもっていて、いつも欠乏と同居しているからである。(203C–D)

これは母親の性質であるが、他方父親の性質も受け継いでいるので、

エロースは美しいもの、善きものを狙い、勇気と大胆さと賢明さをあわせもち、手ごわい狩人であり、常になにかの策を編み出し、思慮を追い求め機略に富んで、一生涯を通じて知恵を愛し、恐るべき魔術師、呪術師、ソフィストである。(203D)

前半で「靴もはかず」というのは、ソクラテスがいつも裸足だったことを想起させる。後半の「恐るべき魔術師、呪術師、ソフィスト」というのは言葉で相手を引きつける者ということであろうが、この作品の後の方で、ソクラテスが伝説的な山の精(サテュロス)で笛の名手であったマルシュアスに譬えられていることに注意すべきであろう。マルシュアスは楽器によって人々を魅了し、その曲はだれが吹こうと、聞くものをなにかに憑かれた状態にするのであるが、ソクラテスが語る言葉で人々は衝撃を受け、とり憑かれてしまう、と言われている(215C–D)。要するに、エロースのこのような両面

性は、作者プラトンが若き日に見たソクラテスの姿を投影しているのではないかと思われる。

いずれにせよ、このような両面性を知識に当てはめてみると、エロースは知者でも無知者でもなく、両者の中間者であることになる。神は知者であるとされているから、知を求めることはない。哲学は知を愛し求めることが原意であるから、神は哲学することはない。神でなくても、知者は知を有しているわけであるから、さらに知を求めることはない。また、無知者も知を求めない。ここで無知者と言われているのは、知恵、知識をもたない人の意味だけではないことに注意すべきであろう。エロースにかられて、知を求めようとする人、つまり哲学する人も、その知をもたない点では同じだからである。無知者は知をもとめることをあえてしないし、「この点が無知のやっかいなところである」(204A)と言われているので、ここで言われる無知者は、単に知、知識がないというだけではなく、つまりただ知らないだけではなく、知らないということを知らない、いわば二重の無知の状態に置かれた人を言っているわけである(『ソクラテスの弁明』21D参照)。なお。この無知はギリシア語のアマティアー(ἀμαθία)で、学び(マテーシス μάθησις)がない(ア[ἀ-]は欠如を示す)ということであるから、物事を知らないという無学を意味しうるが、プラトンの言葉遣いからわかるように、知らないという不知の状態を含意している(ただし、プラトンは言葉を常に厳格に区別して用いているわけではないから、無知か不知かといったことが重要であるわけではない)。

続いて、ディオティマはこのようなエロースは、人間に対してどのような効用をもっているのか、という第二段階の話をする。

3 エロースのはたらき

エロースは美しいものを愛し求めると言われるけれども、その意味は何であるのか。もしだれかがこう尋ねたとしよう。

ソクラテスとディオティマよ、エロースが美しいものに関わるのはなぜなのか。いや、次のように問えばより明確となる。恋する者は美しいものを恋しているわけだが、何を恋しているのか。(204D)

この問いは一見奇妙に思えるかもしれないが、エロースにかられる者は美しいものがどうあることを求めるのかという意味であることは、ソクラテスがこれに対して「美しいものが自分のものになることだ」と答えていることからわかるであろう。しかし、これではまだ十分とは言えない。美しいものが自分のものになることを欲するということであるとしても、それは「なぜ」という問いに十分に答えていないからである。この美しいものを善きものと言い換えて、「善きものが自分のものになること」と答えたとしても、それによってその人はどうなるのか。その効用について答えなければ、なぜそんなことをしなくてはいけないのかわからないからである。それらが自分のものになることで、いったい何がもたらされるのか。

この問いに対して、ソクラテスは「幸福になることだ」（205A）と答える。ディオティマはこれに言い添えるかたちで、幸福とは善きものの所有であるからだが、幸福であることを望む人は、何のために幸福でありたいと思うのかと問う必要はないと述べている。この答えが究極のものだからである。

現代の私たちにはこうしたやりとりは理解しにくいかもしれない。美しいものは必ずしも善きものとは限らないように思われるだろう。ただ、これを古代ギリシア語で考えた場合、美しい（カロス καλός）は立派な、優れたなどの意味を含意しているから、これを善い（アガトス ἀγαθός）と置き換えるのは、古代のギリシア人にはそれほど不自然でなかったと考えられる。さらに、人間として優れている人をカロス・カーガトス（καλὸς κἀγαθός）と言い、これが名詞化してカロカーガティアー（καλοκαγαθία）――全人的に優れていることの意――とも言うから、美と善の結びつきには、それほど違和感はなかっただろう。

けれども、ここで言われる善は、道徳的な意味合いの善よりは、むしろ有益性、有用性とか、簡単に言って自分の得になることの意味なのであるが、これを幸福の追求だとしても、同じような意味のもので置き換えたにすぎないようにも思える。しかも幸福というより曖昧な言葉で言い換えただけで、ほとんど答えになっていないではないか。そんな印象をもってしまうかもしれない。しかし、古代のギリシア人にとって幸福とは、死すべき人間が追求する究極のものと考えられていることに留意すべきであろう。「幸福になりたい」というのは、逆に「幸福になんかなりたくない」という言葉で連想されるような選択の問題ではない。アリストテレスが『ニコマコス倫理学』において、幸福という概念について明確にしているが、幸福の追求というのは、それを選ぶという選択（ギリシア語でプロアイレシス προαίρεσις）ではなく、生まれながらにしてそれを望むという願望（ブーレーシス βούλησις）だと言っている。つまり、願望は目的に関わり、選択は目的のための物事（手段）に関わるが、幸福は終局的な目的の言い換えであるから、選択の対象にはならないのである（1111b28-29）。

けれども、人は常に幸福であることを願うとしても、それはいつも恋愛のかたちをとっているわけではない。つまり、「幸福でありたい」という願望はすべての人がもっているが、しかしすべての人が恋をしているとは言わない。それはなぜなのか。この疑問に対して、ディオティマは恋のうちある種のものを全体から切り離し、それに恋という全体の名前をあてがっているからだと説明する。例えば、なにかを作ること（創作）はギリシア語でポイエーシス（ποίησις）であり、なんらかの技術をもとになされる仕事を言うが、その中でもとくに音楽や韻律にしたがっておこなわれる部分だけをポイエーシス、すなわち「詩作」と言い、この部分を担っている人をポイエータイ（ποιηταί）、すなわち「詩人」と言っているが、エロースの場合もこれと同じである。つまり、エロースはもともと広い意味で使いうるものなのに、ある特定の事柄だけをエロースすなわち「恋愛」と呼んでいるわけである（205B-C）。ディオティマのこの発言は、この後に述べられるエロースに関連する事象が人と人との恋愛に限られるものではないことを示すための布石と考えることもできるだろう。

ディオティマは先ほどのアリストパネスの物語で、人は半身を追い求めると言われていたことに触れる（饗宴の場にディオティマがいるわけではないから、この発言は奇妙にも思われるが、議論の流れからあまり気に留める必要はないであろう）。すなわち、エロースが追い求めるのは半身でも全体でもない。それらが善きものでなければ（例えば、劣悪な状態にある手足など）、あえて切り捨てることもある。要するに、エロースが目指すのは善きものが自分のものになることなのであるが、さらにそれが永遠に自分のものになることをも目指すのではないか、とディオティマは尋ねる。ソクラテスはこのことにも同意する(206A)。

4 不死への願望

ここで新たな問題が生じる。「善きものが永遠に自分のものになること」は、考えてみれば人間は死すべきものであるから、原理的に言って不可能であるはずである。けれども、一つだけ残された方法がある。それが「生殖」である。アリストパネスの神話では、生殖は半身を失った人間が、それを追い求め、二つのものが一つになることによって全体性を回復することに重点が置かれていたが、ディオティマが語る生殖はそれとは異なっている。死すべき人間は、生殖によって自己をいわば永遠化することができると言うのである。

すべての人間は、肉体においても魂においても生むものをもっていて、一定の年齢に達すると、われわれの自然本性は子を生むことを欲する。ただし、醜いものの中に生むことはできず、美しいものの中に生むことができるのである。実際、男女の交わりとは子を生むことにほかならないのだ。しかも、その行為は神的なものであり、死すべき生きものの中に不死なることとして宿っているのだ。すなわち、それは妊娠、出産のことである。（206C）

アリストテレスは『魂について』のある箇所で、「生きものにとってその諸活動の中で最も自然なのは、動物が動物を生み、植物が植物を生むように、自分に似た別のものを生み出すことであるが、それは可能なかぎり永遠なるものや神的なものにあずかることを目的としている」（415a26–29）と述べているが、これは『饗宴』のこの箇所を念頭においているように思われる。死すべきものである生きものは、個体として永遠的に存続することはできないが、しかし、出産によって不死性、永遠性にあずかることは可能である。したがって、エロースが善きものが永遠に自分のものになることを求めているのだとすると、エロースはこの善きものとともに、不死をも欲していると考えねばならない（207A）。

右の引用文で「生むものをもっている」と訳したギリシア語のキュウーシ（κυοῦσι）であるが、文字通りには懐妊している、身ごもっているという意味である。バーニエット[3]が注意しているように、通常は恋愛、懐妊、出産の順序をとるが、ここでは懐妊が先で続いて恋愛が来るように言われているようにみえる。この奇妙な順序は、ここで語られる懐妊が肉体だけでなく魂のことでもあるから、文字通りの子供だけでなく、知、知識をも含んでいると考えれば、理解しやすい。

『テアイテトス』(149A-B)においてソクラテスは、産婆であった自分の母の職業をまねて、自分の仕事は相手との問答を通じて、相手がもっている(はらんでいる)知、知識を取り出すことだと述べている。いわゆる産婆術であるが、相手は問答の中でその知、知識を得るのではなく、もともともっていた(はらんでいた)のである。知るということは、もともともっていたものを思い出す、想起することにほかならないのである。

ディオティマは、なにかを生み出したいという欲望は、女性だけでなく男性にも認めている。子供を生む(産む)という言葉を、古代ギリシア人は母親だけでなく父親にも使った(「父が子を生む」)から、そういう特殊事情もあるのだが、魂の面で、知、知識を生み出すということには男女の区別はない。出産は自分の性にあったものにおいておこなわれる。醜いものは性にあわず、美しいものにおいて

(3) Burnyeat (1977) p. 8.

営まれるものである。自分のうちになにか生むものをもっている者は、美しいものに近づくと心がなごんでくるが、そうでないものを目にすると身を固くして、それから遠ざかろうとする。これをディオティマは神話風に、出産を助けてくれるのはカロネ（Kallone）、「美しい」という言葉を擬人化した神だと言っている。つまり、「出産」というのは、美を媒介にして、美しいものにおいて生むことなのであるが、そのことは死すべき生きものにとって神的な行為にほかならないわけである。

生きものはなぜ出産を求めるのか。それは、出産が死すべきものにとって永遠なるもの、不死なるものだからである（207A）。つまり、エロースが善きものが永遠に自分のものになることを求めているのだとすれば、必然的にエロースは不死をも欲することになる。

こうしたエロースは、人間であれば理性のはたらきと言えるかもしれないが、ありとあらゆる生きものがこのような欲求にかられるのはなぜなのか。ディオティマはすべて同じ道理（ロゴス）がはたらいていると言っている。すなわち、「死すべき本性のものは、永遠に存在し、不死であることを求めている」（207C）のだ、と。今日から言えば「本能」といった言葉で説明をするが、ディオティマは人間でもほかの動物でも同じ理法が支配していると考える。その目的は不死を願望し、求めるところにある。それは「古くなり去りゆくものが、かつての自分と同じような、別の新しいものを後に残す」（208B）ことによってのみ成し遂げられるわけである。

けれども、肉体的に自分に似たものを残すことが文字通りの出産であるとしたら、精神的な出産と

は何であるのか。ディオティマはこれを「名誉愛」で説明する。ある詩文を引用して、人々は

不死なる名声を永遠に打ち立てる

καὶ κλέος ἐς τὸν ἀεὶ χρόνον ἀθάνατον καταθέσθαι (208C)

ことにすさまじい恋心を抱くと述べている。ヘクサメトロン（長短短六脚韻）の韻律で書かれたこの詩は作者不明とされているが、ディオティマ、つまり作者のプラトンが作ったものかもしれない。それはともかく、パイドロスが語っていたアルケスティスが夫アドメトスのために死ぬのも、アキレウスが友人パトロクロスの後を追って死ぬのも、結局自分がやったことについての「不滅の記憶」が残ることを期待するからにほかならない。つまり、こうした行為は「名誉愛」（ピロティーミアー）があってはじめて成立するのである、と彼女は言う。

私たちの寿命は七〇か八〇、それより短い人もあれば長い人もある。いつかは死ぬのだとしても、自分がこの世に生存した証を残したいと思うことがある。自分に優れた功績があると思えば、なおさらそうだろう。名誉（ティーメー）を求める気持ちは、善きにつけ悪しきにつけ、私たちの行動の原動力となるわけである。これをディオティマの言葉に置き換えて考えれば、自分に似たあるものを後世に残したいという、不死への願望にほかならないのである。

5 エロースの秘儀

これまで語られたディオティマの話は、二つの内容を含んでいた。一つは、エロースが中間的な存在であること、すなわち、美と醜との、知と無知との、不死なるものと死すべきものとの中間にあることである。もう一つは、エロースのはたらきが不死を追い求める欲求であることであった。ディオティマは、さらに三つ目として、エロースの秘儀なるものを語る。これが彼女の話の最終段階のものであり、クライマックスである。

さて、ここまでの恋の道は、ソクラテス、たぶんあなたでもその秘儀にあずかることができるでしょう。だが、最後の究極の秘儀は、もし人が正しい道を進んでいくならば、これまでのことも実はこの秘儀のためにあるのですが、あなたがその秘儀を受けることができるかどうか、私にはわかりません。(210A)

アテナイの北西にエレウシスがあるが、この地は古代世界では密儀宗教で知られ、その恩恵にあずかろうとギリシア各地から人々が押し寄せたと言われる。プラトンがこのエレウシスにおける儀式の用語をここで用いている。最初の「秘儀にあずかる」という言葉の原語は「ミュエイン」(μυεῖν)であり、名詞形は「ミュエーシス」(μύησις)という。キケロは後の語のラテン語訳として「イニティウム」(initium)を当てている(『法律』2,36)。これが英語のイニシエーション(initiation)になる。ミュエーシスは秘儀の全体を指すことばであるが、ラテン語訳が示唆するように、その最初の段階をも含意している。

エレウシスの秘儀は二度に分かれておこなわれた。すなわち、「小秘儀」と「大秘儀」であるが、まずアンテステリオン月（現在の二月頃）に開かれた小秘儀でその資格を得ると、次にボエドロミオン月（現在の九月頃）に開かれた大秘儀において、最後の奥義を伝授される。これが「究極の秘儀」（エポプティカ）である。[4] 社の内陣（テレステーリオン τελεστήριον）に進んで、この秘儀を受けるわけであるが、エポプティカ（ἐποπτικά < ὄψις 見ること）という語から連想されるように、なにかをそこで「見る」のであろう。見神、あるいは直視参入くらいの意味であろうか。『饗宴』ではこの後に語られるイデアの観照がそれにあたるわけであるが、プラトンは『パイドロス』におけるイデアの観照にも、同様にエレウシスの用語を使っていることが注目される（250B–C）。

さて、この秘儀においていわゆるイデアを「見る」、とくに美のイデアを見るということが語られる。ディオティマの言葉にあるように、これはだれにでも許されているわけではないとされるので、秘儀のように段階を踏むことが必要になるわけである。その行程はざっと言えば、次のようなもので

（4）エレウシスの密儀に関しては、ブルケルト（2008）第五章を参照。

ある。

若い頃に美しい肉体にひかれる。最初はただ一つの肉体を愛するわけであるが、やがて個々の肉体ではなく、すべての肉体の美しさにひかれるようになる。これがイデアへの行程の第一段階である。ここで普通の意味における恋愛から離れていくことに気づかされる。恋愛はたいてい一つの肉体、一人の人を愛するからである。ここでは浮気性の人のようにいろいろな肉体に興味をもつというようなことが言われているわけではない。肉体の個別的な美しさではなく、美しい肉体のどれにも現れている普遍的な美に気づくということである。次の段階は、精神のうちに現れる美しさである。これは肉体的な美よりも重要視される。精神的な美と言っても、それは多様なものであり、さまざまな営みが考えられるが、そこからさらにさまざまな学びへと至り、最後には美そのものを認識するようになる(211C)。ディオティマは言う、

> 親しいソクラテスよ、人生のどこかにあるとすれば、まさにここにおいてこそ、すなわち美そのものを見ているときこそ、人間にとってその人生は生きるに値するのです。(211D)

これはいわゆるイデアの観照と言われるものである。イデア(idea)とは何であるのか。古いギリシア語では*Fιδέα*(ウィデアー)であったはずである。この*F*(ディガンマ)は[w]の音価をもつ。アッティカ方言その他では古典期には消失してしまうが、西ギリシア語方言を通じて、ラテン語のvideo

（ウィデオー）に継承される。いずれにせよ、「見る」（イデイン ἰδεῖν）を原意としており、これがいわゆるイデア（ἰδέα）になるわけである。プラトンはイデア以外に、エイドス（εἶδος）という語も用いているが、こちらもエイドー（εἴδω）すなわち「見る」から作られる語である。要するに、イデアであれエイドスであれ、それは「見られる」ものである。ただし、肉眼で見るというよりも知性（ヌース）によってとらえられると言ったほうがよい。

ディオティマはイデアのありかたを次のように説明している。

> まず第一に、その美は常にあり、生成も消滅もせず、増大も減少もしない。次に、ある面では美しく、ある面では醜いということも、ある時は美しく、ある時は美しくないというようなことも、あるものとの関係では美しく、あるものとの関係では醜いということも、ある人たちにとっては美しく、ある人たちにとっては醜いということもない。……それはそれ自身がそれ自身だけでそれ自身とともに、単一の相のものとして永遠にあり、ほかのすべての美しいものどもは、かの美を分有することによって美しいのです。（211A–B）

これはいわゆるイデア論の定式と呼ばれるものである。

> すべての美しいものどもは〈美〉によって美しい。（『大ヒッピアス』287C）

つまり、美しいものが美しいと言われるのは、美のイデアを分有（メテケイン）することによって美しいわけである。メテケイン（μετέχειν）は、エケイン（ἔχειν）が「もつ」の意味であるのに対して、「ともに（μετά）もつ」ことを意味する。このイデアは中世哲学においては神の思考内容になり、さらに近代においていわゆる観念（アイデア idea）になる。私たちは普通ものが美しいと思うとき、美というイメージを頭の中にもって、そのイメージを目の前にあるものに適用するわけであるが、そのイメージそのものが頭のほかのどこかにあるとは考えない。これに対して、イデアは美しいものどもが美しいと言われる原因として、真にあるもの、永遠にあるものだとみなされている。考えてみれば、私たちが見る美しいものはすべて、ある面では美しく、ある時に美しく、あるものとの関係において美しく、ある人たちから見たら美しいといったものばかりである。それらはほかのものと比較して、「Aより美しいがBよりも美しくはない」。では、それが美しいと言われるのはなぜなのか。その原因や根拠として想定されたのが美のイデアであるわけである。

美そのものの認識、さらにほかのものについても、それ自身であるものの認識、これこそが知恵の探究である哲学の目標となる。私たちが日常的に目にするものから、目を転じて、ものの真実、真相を知ろうと考えるところで哲学の門が開かれる。そして、そのような認識に私たちを駆り立てるのは、もって生まれた知的な衝動、すなわち哲学的なエロースなのである。これがプラトン的恋愛、すなわちプラトニック・ラブの究極地点である。

こうした衝動を『饗宴』ではエロースと呼ばれているが、別の作品である『パイドロス』ではマニアー(狂気)と表現される。『饗宴』の話はさらに続いて、この後にソクラテスの友人のアルキビアデスが宴会に乱入して、彼がソクラテス讃美を始めるわけであるが、私たちの主題から外れるのでこれくらいにしておきたい。これまでプラトニック・ラブの意味を知るための手がかりとして、プラトンの『饗宴』をみてきたのであるが、次に「神がかり」という観点からこの問題を考えてみたい。これによって、プラトニック・ラブは新たな局面を迎えるからである。

第3章……詩人のインスピレーション

「神がかり」という言葉がある。先にも何度か言及しているが、もう一度取り上げてみよう。神がかりは憑依（ひょうい）とも言われるが、一般には霊が「憑（つ）く」ことであり、神宿りとか憑き物とか呼ばれる。日本のキツネ憑きなどのように、悪いものが憑くこともある。一般に外在する霊が人にとりつくわけで、とりつかれた人はいわゆるトランス状態になる。憑依という言葉は、英語やフランス語の possession、ドイツ語の Besessenheit の訳語だと言われているが、古代ギリシアにおいても憑依のようなものが存在した。ギリシア語では、エンテオス（ἔνθεος）の形容詞、エントゥーシアスモス（ἐνθουσιασμός）の名詞などが用いられる。文字通り、「神（テオス）が中に（エン）入る」状態を言う。注意すべきは、これと脱魂状態とは同じではないことである。脱魂とは魂が肉体の外に出て、宙をさまよう状態のことであるが、これに相当するギリシア語はエクスタシス（ἔκστασις）すなわちエクスタシーである。[1]

一方、エンテオスなどのほうは、ちょうどギリシア語のエンプシューコス（ἔμψυχος）が肉体の中に魂が入っているということで、「生命のある」を意味するのと同じように、人の外に魂が出るのではなく、むしろ人の中に神が入る状態を言っている。[2]

最初期の文学であるホメロスやヘシオドスにはエンテオスもエントゥーシアスモスも使われていない。おそらく前五世紀以降に出現した言葉だと考えられるが、憑依の観念がそれ以前になかったわけではない。ホメロスに登場する英雄たちは、その言動を神にコントロールされることがしばしばある。これもある種の憑依だと言えるだろう。けれども、詩人の詩作という場面では事情を異にしている。『プラトン序説』の著者ハヴロックは次のように述べている。

詩的な霊感という対極的な考えかたが誕生したのは、口承による記憶という要求がもはや支配的でなくなり、部族を教育するという詩の機能的な目的が散文に移りつつあった前五世紀の終わり頃であった。[3]

詩的な霊感を受けて詩人が神がかりになって詩を語るという形式は、古代ギリシアでも古典期以降のことかと考えられる。では、最初期の文学であるホメロスやヘシオドスでは、これとはどのように違っていたのか。次にこれについて確認してみよう。

1　ホメロスにおける詩人の呼びかけ

ホメロスの『イリアス』や『オデュッセイア』は、周知のように、口承詩でありテキストが文字化されるより以前の作品である。吟遊詩人であるラプソードスたちが朗誦することによって、詩を代々継承し、また改訂をおこなったとされている。序歌（プロオイミオン）において、詩人は文芸の女神たちであるムーサ（ミューズ）に次のように語りかける。

女神（ムーサ）よ、ペレウスの子アキレウスの怒りを歌え。アカイア軍に数知れぬ苦難をもたらし、多くの英雄たちの猛き魂をアイデス（冥府の神）に投げあたえ、彼ら自身を野犬やすべての野鳥の餌食としたあのおぞましき呪いを。（『イリアス』1,1-5）

私に語っておくれ、ムーサよ。トロイエの聖なる都を滅ぼし、実に多くの漂流の旅を重ねたあの男（オ

（1）エクスタシスは、もとは魂が肉体から離脱した状態を指すわけではなかった。古典期では気分の突然の変化などに普通に用いられ、医学においては「精神錯乱」（ヒポクラテス文書『箴言』7,5）を意味したが、後には脱魂、没我を意味するようになる（プロティノス『善なるもの一なるもの』11）。
（2）Cf. Dodds (1951) pp.68-70, p.87 n.41（日本語訳、八四―八六、一〇七頁）.
（3）Havelock (1963) p.156.

デュッセウス）のことを。（『オデュッセイア』1, 1-2）

叙事詩において詩人はその詩をみずから作るのではなく、ムーサから歌を授かることによって語るという形式をとる。この関係は、『イリアス』第二歌のいわゆる「軍船のカタログ」の一節において、最も明瞭に示されている。

オリュンポスに宮居するムーサたちよ、私に語って下さい。あなたがたは神であり、その場に居あわせ、すべてのことを知っているが、私たち（人間）は、ただ噂を聞くだけで、なにひとつ知ることはないのだから。（『イリアス』2, 484-486 強調引用者）

ホメロスにおいて登場人物が出来事について語る場面の用例をみると、これらの人々がもたらす報告は多くの場合「噂」でしかなく、不正確さを免れることはできない。そのために、詩人は真実を知るためにムーサに訴えるのである（『イリアス』11, 218; 14, 508; 16, 112）。ムーサから得られる知は、人々の報告場面にみられるような間接知ではなく、むしろ直接的なものである。つまり、ムーサはあらゆる出来事の場面に「居あわせる」ことによって、歌われることの真実性を保証しているわけである。

ホメロスにおいて物語を語るのは歌人（アオイドス）であるが、優れた歌人はムーサから授かった真実の物語を正確に保存し、記憶している人である。『オデュッセイア』において、オデュッセウスは歌人デモドコスの物語をこう言って褒めている。

デモドコスよ、すべての死すべき人間のうちで、はるかに君を称える。……さながら、君自身がその現場にいたか、その現場にいたほかの者から聞いたかのようであった。（『オデュッセイア』8, 487-491 強調引用者）

文献学者のスネルがこの関係について、ホメロスにおいては「現場にいることの多さが、すなわち知の多さ」[4]であると的確に述べている。それとともに、詩人はムーサから歌を授かって歌うのは、必ず事実、しかも過去の事実である。これとホメロスに登場する予言者カルカスの場合とを比べてみよう。

2 二つの真実

ここでホメロスにおいて二種類の真実が使い分けされていることに注目したい。[5]ホメロスの『イリ

（4）Snell (1980) S.128.
（5）以下の議論の詳細については、拙著（二〇〇七）五〇頁以下を参照されたい。

アス』『オデュッセイア』において真実を表す表現にはいくつかあるが、なかでもアレーテイア（叙事詩形はアレーテイエー ἀληθείη）とエテュモス系統の語（ἔτυμος, ἐτήτυμος, ἐτεός）の使い分けに注目したい。前者は語り手の記憶に関係しているが、後者は韻律（ヘクサメトロン）に合わせていくつかの語形をもつが、記憶には関係なく、語られる事柄が客観的に見て事実かどうかに関わっている。一例をみてみよう。

カルカスは真実のこと（エテオン ἐτεόν）を予言しているのかどうか。（『イリアス』2, 300）

真実のこととは、ギリシア軍が十年後にトロイアを征服するであろうことを指す。これは予言者カルカスが真実を記憶しているかではなく、語られることが事実として当たっているかどうかを言っている。これに対して、

さあ、私にあらゆる真実（アレーテイエーン ἀληθείην）を話してください。（『イリアス』24, 407）

これは老王プリアモスがヘルメスの神に尋ねる場面であるが、ここで真実とは息子ヘクトルの死体の様子のことを指す。アレーテイアの場合には、ヘルメス（A）からプリアモス（B）への伝達経路に誤りがなければ、もう少し正確に言うと、現場を目にしたヘルメスの記憶内容が聞き手のプリアモスにありのままに伝達されれば、それは真実となる。このようにホメロスにおいてアレーテイアは、報

告者（A）から聞き手（B）に伝えられる記憶された事実を表している。一方、予言者の事例では、その事実が情報としてもたらされるか否かにはまったく無関心である。

詩人はムーサに真実を語れと求めるが、これはアレーテイアとしての真実であって、これと予言者が語る真実（エテュモス等）とは区別されていることに注目したい。ギリシア神話ではムーサは記憶の女神ムネモシュネの娘たちであるが、彼女らが語ることには記憶が関係しているのである。次に、ヘシオドスにおけるムーサと詩人の関係についてみることにしよう。

3 ヘシオドスの場合

ヘシオドスにおいても、詩人がムーサたちから物語を授かるという図式は引き継がれているが、若干の変化もある。ヘシオドスは『神統記』序歌（プロオイミオン）のなかで、ムーサたちによって歌の技術を授けられた経緯について語っている。ギリシアのボイオティア地方にあるヘリコン山（標高1,749m）は、古来ムーサと関係の深い山として知られているが、ヘシオドスはこの山で羊を放牧していたときに、ムーサたちが次のように語りかけたという。

野山に暮らす羊飼いよ、卑しく哀れな者たちよ。喰らいの腹しかもたぬ者よ、私たちは、たくさんの真

実に似た虚偽も話すことができる。しかし、その気になれば、真実を宣べることもできる。（26–28）

ここではホメロスと違って、ムーサが真実に似た虚偽と真実そのものの両方を語るとされている点が新しいと言えるだろう。真実に似た虚偽、すなわちまことしやかな偽りを語ることもムーサの権能に加えられている。ムーサが語ることができると宣言している「真実に似た虚偽」と「真実」とが、それぞれが何を意味するのかについては諸解釈がある。この点については、ここの議論からはずれることになるので詳論しない。[6] むしろ、ここではムーサがヘシオドスに語ろうとするものが何であるかという点に注目したい。

言葉に長けた偉大なるゼウスの娘（ムーサ）たちはこう言うと、みずみずしい月桂樹の枝を折って、それをみごとな杖として授けると、私の中に神の声を吹き込んだ。これからあるであろうこと、すでにあったことを私が讃えるためである。そして、永遠にいます至福なる神々の種族を言祝ぐことを命じられた。（29–33）

「私の中に神の声を吹き込」むことで、私（ヘシオドス）は神の声を自分の中に受け入れ、詩人となる。もちろんこれらは詩人となるための形式にしたがったものであり、実体験ではないだろう。右のヘシオドスの文章を、段階を追って示すと以下のようになる。

(1) 月桂樹の枝で作った杖を渡す（30–31）
(2) 神の声を受ける（31）
(3) 「これからあるであろうこと、すでにあったこと」を讃える（32）
(4) 永遠にいます神々を言祝ぐ（33）

月桂樹の枝で作られた杖は吟遊詩人（ラプソードス）の杖を暗示させる。ホメロスより後の時代の吟遊詩人は、ラブドスと呼ばれる杖を携えて、これでリズムをとって歌った（ピンダロス『イストミア祝勝歌』4,39ほか）。つまり、ムーサは詩人に竪琴ではなく、杖を渡すことでヘシオドスを吟遊詩人にしたと考えることができる。次に、「私の中に神の声を吹き込んだ（ἐνέπνευσαν δέ μοι αὐδὴν θέσπιν）」という言葉で、「神の（θέσπιν）」は伝承写本の読みではないが、[7] ホメロスなどの用例から一般にこちら[8]

（6）最もよく知られているのは、ホメロスが語ったような「真実に似た（まことしやかな）虚偽」ではなく、「真実」を語ろうという意味で解釈するものである。つまり、自分の歌は偽りのものではなく、真実のものであるという真理宣言となるわけであるが、筆者は必ずしもこの解釈に同調しない。拙著（二〇〇七）六一頁以下参照。

（7）θέσπιν（Goettling）は写本θείηνの修正として一般に受け入れられている。

で読まれている。正確には、テスピスは同語源のテスペシオス（θεσπέσιος）と同じで、神（θεός）が告げる（σπεῖν）の意味である。[9] 通常は「霊感を受けた」と訳されることが多い。ここでは詩のインスピレーションのことが語られているわけであるが、次節で述べられるような「神がかり」を含意していない。つまり、これによって詩人が狂気に陥るわけではなく、ムーサが神の声を「吹き込んだ」（他動詞「吹き込む（ἐμπνέω）」のアオリスト形）ことで、詩人は歌を得たということである。

ムーサが詩人に教えたのは、「これからあるであろうこと、すでにあったこと（τά τ' ἐσσόμενα πρό τ' ἐόντα）」（32）であるが、これはすぐ後で、「今あること、これからあるであろうこと、すでにあったこと（τά τ' ἐόντα τά τ' ἐσσόμενα πρό τ' ἐόντα）」（38）と言い換えられている。つまり、ムーサが教えたのは、過去、現在、未来のことを語る技である。ホメロスでは、「今あること、これからあるであろうこと、すでにあったこと」（『イリアス』1,70）を熟知しているのは、アポロンに使える予言者カルカスである。つまり、これを語る技が、ヘシオドスでは**予言者ではなく**詩人に帰せられているのが注目される。

ラテン語のウァーテース（vates）は予言者と詩人の両方を含意する言葉である。ラテン語をはじめいくつかのインド・ヨーロッパ語族の言語にはこの傾向がみられると言われる。[10] 過去を語る詩人の仕事と未来を予見する予言者の仕事は、ホメロスではまったく別のものであったが、かつては両者には本質的な類縁性があったと考えられる。いずれにせよ、これら二つは後述するプラトンの『パイドロス』においても分かちがたく結びついている。けれども、プラトンになると、ホメロスにもヘシオドスにもなかった重要な要素が新たに加わることになる。それが先に述べた「神がかり」である。これをプラトンの初期作品である小品『イオン』からみることにしよう。

4 『イオン』における詩人の位置

プラトンの小品『イオン』という作品は、吟遊詩人（ラプソードス）の一人であるイオンが語るホメロスの物語が技術によるものかどうかを問題にしている。そして、ソクラテスとの問答の中で、イオンは技術ではなく神的な力によって語っているということに同意せざるをえなくなる。ソクラテスは言う、

（8）ホメロスでは「歌」（『オデュッセイア』1, 328; 8, 498）や「歌人」（同17, 385）に添えられる語である。
（9）Cf. Frisk (1973–79) s.v. θεσπέσιος.
（10）ほかの用例として、アイルランド語の fili やアイスランド語の thulr などが挙げられている。Cf. Chadwick (1932) I p.637.

叙事詩の詩人たちで優れている者たちは、技術によってではなく、神がかりになり（エンテオス）、とり憑かれることによって、これら美しい詩のすべてを語るのであり、優れた抒情詩人も同様であり、ちょうどコリュバンテスの信徒たちが正気を保って踊るのでないように、抒情詩人たちも正気を保ってその美しい抒情詩を作るのではなく、むしろ調和や旋律の中に飛び込むときは、とり憑かれて狂乱状態になる。ちょうどバッコスの信女たちが、川から蜜や乳をくみ上げる[11]のに、とり憑かれて正気でなくなるように、抒情詩人たちの魂も、彼ら自身が語っているように、同様のことをおこなっているのだ。

（533E–534A）

叙事詩人であれ抒情詩人であれ、正気の状態であれば、彼らの技術によって詩を語っていると言えるかもしれないが、実際には正気を失い狂乱状態になる。「狂乱状態になる」と訳したギリシア語はバッケウウーシ（βακχεύουσι）であるが、文字通りには「酒神バッコスの秘儀をおこなう」という意味である。一方、「とり憑かれて」と訳されたカテコメノイ（κατεχόμενοι）は、動詞カテケイン（κατέχειν）の受動分詞で、なにかに占有され、支配下に置かれることを意味する。これが神がかりである。つまり、詩人たちは魂を神に占有され、神にとり憑かれることによって優れた詩を語るわけである。彼らの仕事は人間わざではなく、神わざと言うべきものである（534E）。ホメロスやヘシオドスにおける詩人たちも、その歌を神によってあたえられるのであるから、この点では変わるところはないのであるが、その歌の伝達形式はまったく異なっていると言えるだろう。

本篇に登場するイオンという人物は、ホメロスの詩を暗唱し、これを民衆に披露する吟遊詩人である。つまり、詩人ホメロスが作った歌はムーサの神からあたえられたものであるが、その歌を吟遊詩人は伝達していることになる。その関係について述べたイオンとソクラテスの対話は注目に値する。

イオン　優れた詩人たちは神の恩恵によって、神々から私たちにその詩を取りついでいるように思われます。

ソクラテス　すると、君たち吟遊詩人は詩人たちの言葉を取りついでいるわけだ。

イオン　それについても、あなたが言うことは真実です。

ソクラテス　すると、君たちは取つぎの取つぎということになるね。（535A）

神の言葉を「取りつぐ人」の原語はヘルメーネウス（ἑρμηνεύς）であり、英語の interpreter と同じで、言葉の意味を説明し、解釈する人、通訳する人のことである。この語は神託の場面でも現れる。デル

（11）バッコスの信女が、大地に杖を立てると酒が湧き、指先で大地をかくと乳が流れ、常春藤（きづた）の枝から蜜が出るとされた（エウリピデス『バッコスの信女たち』706–711）。

ポイのアポロンの神託は、巫女（ピュティア）が三脚台（鼎）の上に乗って神語を口走るが、普通の人にはその意味はわからない。その場にいるヘルメーネウスが、その意を解釈し人語に置き換えるのである。

詩を語ることと予言を語ることはホメロスでは異なる営為であったが、ヘシオドスでは同一人の仕事となる。先に述べたように、予言者であり詩人でもある人（seer-poet）の存在は、インド・ヨーロッパ語族の言語において確認される事実である。したがって、両者を同一視する見方は、ヘシオドスに始まったものではなく、もっと古くから存在していたと考えるべきであろう。この考えかたには、中央アジアに起源をもつシャーマニズムが関係しているという見方もある。[12] しかし、いずれにしても、詩人の場合にも予言者の場合にも、神が語る歌もしくは言葉がそのまま伝えられるのではなく、これを解釈して人々に語るのが彼らの役目だということになるだろう。

このことをホメロスに戻って確認してみよう。『オデュッセイア』に登場する歌人のペミオスは、みずからの詩について、

> 私は自分ひとりで学んだのだ。神は私の心にありとあらゆる歌を植えつけて下さったのです。（22, 347–348）

ここで「ひとりで学んだ」（αὐτοδίδακτος）という言葉は、詩人の役割について論じるさいによく

引用されるが、後続の言葉と矛盾するものではない。詩の内容については、神から授かったものであるという原則は動かないとしても、歌を吟じるにはそれ相当の技量が要求されるということである。この技量がどのようなものであったかについて、抒情詩人ピンダロスがより明確に語っている。彼はこの関係を「モイサ（ムーサ）よ、予言を下せ。私は解釈しよう（μαντεύεο, Μοῖσα, προφατεύσω δ' ἐγώ）」（断片150 Maehler）という言葉で表している。詩人は自分自身を「ピエリアの娘たち（ムーサ）の歌の解釈者（ἀοίδιμον Πιερίδων προφάταν）」（『パイアン』6,6）とも呼んでいる。ここでは先とは異なるプロペーテース（προφήτης）という語（後に prophet になる）が出ているが、先の語と同様に、神の言葉を受け取り、解釈する人のことを言う。ここでも予言者と詩人の古い関係が含意されているが、それとともに詩人がまったく受動的に神の言葉を受け継ぐわけではないことを示している。ピンダロスにおいては、詩人はムーサが下した予言の解釈者なのである。

次にプラトンの『パイドロス』についてみることにしよう。この作品は、彼の最初の作品だとする説もあったらしいが（ディオゲネス・ラエルティオス『ギリシア哲学者列伝』3,38）、一般的には、シケリア旅行から帰国した前三八七年頃に創建した学園アカデメイアにおいて書かれたもので、この時期のいわゆ

（12）Cf. Cornford (1952) chapter VI.

る中期作品の中でも比較的後の作品だとされている。[13] その主題は、『饗宴』と同じく「エロースについて」であり（B写本では「美について」）、ソクラテスの対話の相手も、『饗宴』に登場していたパイドロスである

（13）『パイドロス』の執筆年代に関しては、脇條（二〇一八）解説、一六八―一七一頁に詳しい。

第4章　エロース（恋）からマニアー（狂気）へ

1　プラトンの『パイドロス』

夏のある日、ソクラテスはパイドロスに出会う。その場所はアテナイの南東にあるオリュンポスのゼウスの聖域である。それから二人は城壁の外に出て、市の外側を流れるイリソス川に沿って歩いていると、一本のひときわ高いプラタナスの樹がみえる。その木陰に腰を下ろして、話をすることにした。

気持ちのよい草の上に座って、そばを流れる泉に足を入れ、その水の冷たさと美しい蝉の声にソクラテスが感心していると、その言葉を聞いたパイドロスは、まるで外国の人のように、町から国外に出かけることはおろか、城壁の外に出たこともないみたいじゃないですか、とからかう。これに対して、ソクラテスは自分がものを学ぶのが好きな男で、土地や樹木は自分になにも教えてくれないが、町の人間はなにかを教えてくれるから、と答える。

話の相手のパイドロスは、当時弁論家として名声を馳せていたリュシアスの家からやって来て、途中でソクラテスに会ったものだから、そこで聞いたことをもとに弁論を披露したくてたまらなかったのであるが、上着の下に左手でリュシアスの弁論そのものをもっていることに気づかれて、その現物を披露することになる。

リュシアスの演説は短いものではないが、繰り返しが多い。冒頭にその主張が示されているが、それは「自分を恋していない者に身をまかせよ」というパラドックスを弁論の力で正当化しようとするものである。恋する者（エラステース）はいったんその欲望が失せてしまうと、相手によくしてやったことを後悔し、相手を裏切る者となるというのがその論拠となる。同様の議論が繰り返されるところが、後にソクラテスの批判対象となる（235A）。文体的には「……であろう」（εἰκός）という曖昧な表現が多用されており、後のソクラテスの話では「……ねばならない」（ἀνάγκη）が何度も使われているのと好対照をなす[1]。リュシアスの演説が真作か擬作かについては議論がある[2]。演示的弁論の中でも遊びの要素が多い「パイグニア」に相当するものであるとされているが、作者プラトンの手になるパロディである公算が高い。

パイドロスがリュシアスの演説を読み上げるのを聞いたソクラテスは、まるで神業じゃないか、こういう問題については僕より君の方が詳しいと思って、君について行ったが、神がのり移った[3]君のせいで、一緒にバッコスの秘儀にあずかることになった（234D）、と茶化す。この作品の最初のほうでもコリュバンテスの儀礼への言及（228B）があったが、後半の議論への伏線とみるべきであろう。いずれにせよ、ソクラテスがこの演説を褒めたのはもちろん真意ではなく、話は何度も同じことを語ったが、「語るべきこと」を述べたとは言えないだろうと考えてのことである。リュシアス演説の難点の一つは、そもそも恋（エロース）とは何であるかの定義がされていないことである。そこで、ソクラテスが恋に関する話を始めるときに、まず恋の定義から始めることになる。

ソクラテスはリュシアスの演説に続けて話をするのであるが、日頃自分の無知を標榜しているから、人から聞いた話として紹介している。最初の話は次のようなものである。

エロース（恋）とは何かを求める欲望であり、恋する者も恋していない者も等しくこの欲望をもっている。そうすると、恋する者と恋していない者はどのようにして区別されるのか。そのためには、恋する者とはどのような状態の者であるかが明らかにされねばならない。人間の中には、(1)生まれつ

（1）εἰκός : 231C, E, 232C, 233A, ἀνάγκη : 239A, B, 240A, 241C. 藤澤（1987）研究用註（230E6sqq.）参照。

（2）脇條（2018）補註C参照。

（3）原文のθείας は文字通りには「神々しい」の意味だが、注釈家たちが指摘するようにこのような意味を含んでいる、と考えられる。

きに快いものを求める欲望と、(2)生後に獲得された（後天的な）判断とがある。この判断が理（ロゴス）によって善の方向に導いて勝利すれば「節制（ソープロシュネー）」が生まれる。逆に、快いものが欲望を支配すると「放縦（ヒュブリス）」な人になる（237E–238A）。後者は多種多様であり、それが食べ物に向かえば暴食になるし、飲酒に向かえば大酒飲みになる。

さて、エロースであるが、ソクラテスによれば次のように定義される。

理を欠いた欲望が、正しいものに向かう判断を打ち負かし、美を求める快楽に導かれ、他方自分と同類の諸々の欲望によって肉体の美の方へ勢いよく力をあたえられて、その導きに勝利すると、その力そのものから名称を得て、エロースと呼ばれる。（238C）

訳文ではわかりにくいが、「勢いよく力をあたえられて（エローメノース・ローステイサ）……その力（ローメー）そのものから」と語呂合わせになっている。これはまるで「ディテュランボス」のような語り方だとソクラテスは言う。ディテュランボスとはもともとディオニュソス（バッコス）を讃える讃歌であるが、高揚した語り口からこのように言われたのである。そのことは別として、要するに、理を欠いた欲望が正しいものに向かう判断（分別心）を打ち負かし、肉体の美に向かうとき、その欲望がエロースだということになる。このようにエロースの定義をしたうえで、次にエロース（恋）の効用に話題が移る。

要するに、ソクラテスが語るのは、恋する者（エロースに駆られている者）は相手にとって害悪以外のものではないということである。長い文がこれに続くが、これらを要約した最後の部分だけ示すと、恋する者は「不実で、怒りっぽく、嫉妬深く、不快で、財産に害をあたえ、肉体の状態に害をあたえ、魂の教育に対して最大の害をあたえる者となる。……狼が子羊を好むごとく、恋する者は子を愛でる」（241C）。最後のところまで来て、ソクラテスはディテュランボス調から叙事詩調の語り口になってしまったと言う[4]。

2 ダイモーンの合図

ところが、ここでソクラテスは急に話をやめてしまう。次に、恋をしていない人にとっての効用の話が残っているので、パイドロスは「まだ途中ではないですか、どうしてやめるんですか」と言うと、ソクラテスは例のダイモーンの合図がすると言い出す（ダイモーンについては45頁以下参照）。

（4）「狼が子羊を好むごとく、恋する者は子を愛でる」の詩が、叙事詩の韻律（ヘクサメトロン）になっていることを言っている。ただし、伝承写本では韻律が不完全なので、これを訂正する解釈もある。藤澤（一九八七）研究用註（241D1）、脇條（二〇一八）テキスト註p.24参照。

このダイモーンの合図（ダイモニオン・セーメイオン）というのはプラトンの作品に何度も登場する（『ソクラテスの弁明』31D, 40Aなど）。これは「ある種の声」となって現れ、ソクラテスがなにかをしようとするときに、その行動を差し止める。ソクラテスのダイモーンの合図は、古代人からみても非常に奇妙な現象であり、当時の著作家たちも関心を示している。例えば、プルタルコスの「モラリア」には『ソクラテスのダイモニオンについて』という作品がある。

「ダイモニオン」というのは「ダイモーン的な」という形容詞であり[5]、その後に「合図」や「声」を補って考える必要があるが、これでは具体的にどのような現象であるかはわからない。プルタルコスは、ソクラテスの弟子でメガラ出身の哲学者であったテルプシオンの言葉として、ソクラテスの右側でくしゃみをする人がいれば、ソクラテスは行動を進め、左側でくしゃみをする人がいれば、行動を思いとどまるという説を紹介している（同書581A–B）。クセノポンの『ソクラテス言行録（思い出）』（1, 1, 2-4）にも、この合図が「これをなせとか、これをなすな」という勧告をあたえたという話が出てくるが、プラトンの場合には、「なにかをなせ」という積極面は語られておらず、もっぱら禁止するだけである。テルプシオンは、人の生理現象から説明しているわけであるが、なぜくしゃみがダイモーンの合図だと言えるのかの説明がないわけで、いずれにしても不明のままだと言うほかない。ソクラテスのダイモーンの合図は当時有名な話であったらしく、そのために前三九九年に訴えられることになる（クセノポンの同箇所参照）。ソクラテス裁判の訴状には、「新奇なダイモーンの類のもの（カイナ・ダイモニア）を導入し……」（ディオゲネス・ラエルティオス『ギリシア哲学者列伝』2,40）とある。

3 パリノーディア（取り消しの歌）

『パイドロス』に話を戻すと、ダイモーンの合図があって、いつも自分の行動を差し止めるものだから、もしかすると自分は話の中でどこか間違ったことを言ったんじゃないか、とソクラテスは思案し始める。ホメロスは盲目であったと言われているが、これはトロイア戦争の原因を作った絶世の美女ヘレネを作中で非難したために、視力を失ったのだという伝説がある（実際にはホメロスの作品でヘレネが厳しく咎められているわけではない）。ところが、シケリア出身で、合唱抒情詩の完成者とされているステシコロス（前六世紀前半）は、作品『ヘレネ』（現存しない）の中でヘレネを中傷したために盲目になったが、後に、ヘレネは実際にはトロイアに行かなかったとする『パリノーディア（取り消しの歌）』を書くことによって、視力を回復したとされる。ステシコロスはトロイアに行ったのはヘレネではな

（5）細かいことを言うと、プルタルコスの時代の「ダイモニオン」はダイモーンの縮小辞（名詞）であるかもしれない。形容詞として考えれば、ダイモーンが人間になんらかの合図を送ることになるが、縮小辞（名詞）ならば、ダイモーンに類するなんらかの存在があることになる。

く、ヘレネの幻だと言ったとされるが（プラトン『国家』586C）、もちろん史実かどうかは不明である。ソクラテスも、ステシコロスに倣って、エロースの神に対して罪を犯しているのかもしれないから、償いとして前説を改めたパリノーディアを歌おうとする。

> 一方の者（恋する者）が狂気の状態にあり、他方の者（恋していない者）が正気の状態にあるという理由だけで、恋する者がそばにいるのに、恋していない者の求めに応じなければならないという説は真実のものではない。（244A）

正気と狂気の対比は、この作品のもう少し前にも出てくる。恋（エロース）と狂気（マニアー）と対立するのは、知性と正気である。正気の原語はソープロシュネー（σωφροσύνη）であり、先ほど「放縦」と対比されたときには「節制」と訳されていたが、元は同じ語である（分別と訳す場合もある）。文字通りには、「健全な（ソー）」「思慮（プロシュネー）」をもつことを言う。この語は快楽に対しては節制（節度）を意味し、狂気に対しては正気を意味する。エロースは人を狂気に陥れるが、知性のはたらきによって、人は正気を回復する。けれども、狂気は人にとって必ずしも悪いものだとは言えない。

> なぜなら、私たちに生じる善きもののうちでも最大のものは、狂気を通じて生じるからである。ただし、その狂気は神からの贈り物としてあたえられるものだけれども。（244A）

最大の善は狂気によって生じるというのは、当時としても驚くべき言葉であっただろうと思われる。同書のもう少し後のところで、狂気に陥るというのはなにか恥ずべきもののように思われるかもしれないが、この狂気という名前をつけた昔の人たちは、これを恥ずべきものとも、非難すべきものとも考えなかったと言われている（244B）。

ソクラテスは同書において、神に由来する狂気を四つに分類している。

ソクラテス　狂気には二種類のものがある。一つは人間的な病気によって生じるもの、もう一つは慣れ親しんだ事柄を神の力ですっかり変えてしまうことによって生じるものだ。

パイドロス　まったくそのとおりです。

ソクラテス　神的な狂気は、四つの神の領分として四つの部分に分け、予言の霊感はアポロンが、秘儀の術はディオニュソスが、詩作の術はムーサたちが、四つ目はアプロディテとエロースが司るものだとしたうえで、このうち恋の狂気こそ最善のものであると私たちは主張したのだ。（265A–B）

ソクラテスの言葉をもとに、神的狂気をまとめると次のようになる。

(1)　予言的狂気（アポロン）
(2)　秘儀的狂気（ディオニュソス）
(3)　詩的狂気（ムーサ）

(4)　恋の狂気（アプロディテ、エロース）

次章から順を追って、これらの狂気について検討してみよう。

第5章……三つの狂気

ソクラテスが語る最初の三つの狂気は、原文ではバーネットの校訂本（Oxford Classical Text, 1901）でわずか二頁にも満たない。しかし、これらの狂気について語られる事柄には歴史的な事実も関連しているので、いくつかの史料を手がかりにたどってみることにしよう。

1 予言的狂気（マンティケー）

まず、デルポイの巫女、ドドネやシビュラの巫女たちが伝える「予言」があるが、彼女らは正気のときにはなにも伝えず、神がかりになってはじめて予言を降ろす。このうちドドネはギリシア本土北西部のエペイロス地方の山中にあった聖地で、ゼウスの神託所として名高い。ゼウスは一名ナイオスとも呼ばれ、セロイ（あるいはヘロイ）という名の神官たちが、「足も洗わず、地に臥して眠る」（ホメロス『イリアス』16, 233）と言われており、おそらくギリシアの先住民であったペラスゴイ人にまで遡ると思われる古い時代の信仰の姿をとどめている。シビュラはアポロンの神託を伝える巫女で、もともとはエーゲ海東岸のイオニア地方のエリュトライにいたシビュラという名前の女性を指したようだが、その伝説が各地に広まって、後に人数も複数になり（シビュライ）、同様の巫女たちを指す言葉となった。ヘラクレイトスが、「シビュラは狂った調子で、笑いもなく、飾りもなく、滑らかさを欠いた言葉を発し（その声によって千年のかなたに達するが）それは神によるものである」（「断片」92DK 括弧内はヘラクレイトスの言葉かどうか不明）と述べているのが、最も古い用例である。

古代ギリシアの神託でとりわけ有名なのが、デルポイのアポロンに仕えた巫女ピュティアによるものである。ピュティアという名前はアポロンに退治された大蛇ピュトンに由来する。すなわち、ピュトン（Πύθων）からデルポイの古名ピュト（Πυθώ）が生まれ。その形容詞ピュティオス（「ピュトの」）から、当地で神託を降ろす処女たちがこの名で呼ばれるようになった。プルタルコスの「モラリア」所収の『ピュティアは今日では詩のかたちで神託を降ろさないことについて』などに詳しい説明があるが、デルポイのカスタリアの泉で精進潔斎をしたあと、聖所で三脚台に上り、大地の裂け目から立ち昇る霊気を吸って錯乱状態になって、神託を述べ伝えたとされる。人語を発することなく、そばにいる解釈者が神の言葉を人語に直して、神託を求める人たちにあたえたらしい。プルタルコスの右の書にあるように、神託はもともと詩文のかたちで降ろされた。そうした例はヘロドトスの『歴史』

(5,92) などにみえる。

神託を降ろすのは古い時代はゼウスであったが(エジプトの神託所で有名なアンモン神はゼウスと同一神と信じられていた)、後にはゼウスの子であるアポロンがこの予言の権能を独占する。すでにホメロスにおいて、予言者カルカスはアポロンの神官であった。ギリシア神話によると、アポロンはゼウスとレトの子で、処女神アルテミスとの双生神である。また、生まれるとすぐにデルポイに赴いて、大蛇ピュトンを射殺し、ピュトンの予言の権能を引き継いだと言われる。多くの権能のゆえに多くの添え名(エピセット)をもつことでも知られる。すなわち、「遠矢を射る(Hekebolos)」「銀弓をもてる(Argyrotokos)」「太陽神(Helios)」「音楽を導く(Musagetes)」「癒す者(Paieon, Paian)」「狼の(Lykeios)」「ネズミの(Smintheus)」などである。もともとギリシア固有の神ではなく、北方か(ヒュペルボレイア)あるいは東方(アシア)から渡来した神と考えられている。

哲学者ニーチェが『悲劇の誕生』(正確には『音楽の精神からの悲劇の誕生』、一八七二年)において、アポロンとディオニュソス(バッコス)の二神を対比し、秩序・調和を重んじる主知的傾向をアポロン的と、激情的・陶酔的な傾向をディオニュソス的と呼んで、二つのタイプの芸術の類型を論じたことはよく知られている。今日ではアポロンとディオニュソスが、ニーチェがイメージしたような神格であったと考える古典研究者はほとんどいない。ディオニュソスについては後で扱うとして、アポロンについてここでもう少し詳しく述べておきたい。アポロン(あるいはアペロン、ギリシア語ではἈπόλλων あるいは

Απέλλων）はもともと医療の神であって、その子のアスクレピオスも、父神から医術の技を受け継いで治療をおこない、医学の祖となっているが、ホメロスではギリシア軍に疫病をもたらした神として描かれている。これは青銅器時代後期のヒッタイト語アプル（Aplu）が同じく病気の神であったことと関係すると言われている。ネズミの（Smintheus）神というアポロンの添え名はこれを連想させるものであるが、ミュケナイ時代に入って治療神パイエオン（Paieon）――同時代の文字の線文字BではPA-JA-WO――との混淆があったと考えられている。同語の変化形のパイアン（Paian）もアポロンの添え名であった。「ネズミの」は疫病をもたらす意味を含んでいるので、「癒す者」とは矛盾するようにも思えるが、これはギリシアが多神教の世界であったことと関係している。多神教では、人間の力を超えた現象がみられるとき、「……は神だ」（ヘシオドス『仕事と日』763–764; エウリピデス『ヘレネ』560など）と言われるわけで、そうした超越現象が神格化され、神の名前で呼ばれるわけで、時には複数の形容辞が同一神に帰せられることがある。「神は愛である」など神を主語として立てるのは、キリスト教など一神教の考えであるが、ギリシア世界は多神教の世界であり、神はむしろ述語として用いられると指摘されている。[1] 超越現象を神とみたてることは多神教に共通しており、わが国古来の神道にもみられることである。

周知のように、ニーチェの『悲劇の誕生』は、当時のドイツの古典学において黙殺され、ヴィラモーヴィッツ＝メレンドルフ（ニーチェより四歳年下）が‘Zukunftsphilologie（未来の文献学）’と題した一文で、歴史的批評的方法を軽視しているとニーチェを攻撃した。ニーチェが『悲劇の誕生』を書いた動機は、一八世紀後半から一九世紀初頭にかけてのドイツの古典学が、ヴィンケルマン等に代表され、ゲーテやシラーにみられるように、ギリシア文化を専ら「明るく晴朗な（hell und heiter）」ものと見ていたことに飽きたらず、これに対比させるかたちで、「暗くて不安な（düster und ängstlich）」一面を明らかにして、ギリシア人の世界観に含まれる不合理な一面を強調したところにある。彼の思想は哲学の世界で大きな賛同を得たばかりでなく、後の古典学でもこれに劣らぬ大きな波紋を呼んだ。この点を最も明瞭に示したのは、ニーチェの盟友であったエルヴィン・ローデの『プシューケー――ギリシア人の魂の祭儀と不死信仰』（E. Rohde, *Psyche. Seelencult und Unsterblichkeitsglaube der Griechen*, 1890–94）であるが、英語圏でもドッズの『ギリシア人と非理性』（E. R. Dodds, *The Greeks and the Irrational*, 1951）などに、その影響がみられる。

　さしあたり、これくらいのことを予備知識として『パイドロス』に話を戻そう。狂気と予言との関係である。予言術はアポロンの宗教と同じくらい古いのであるが、狂気とはどのように関連するのか。「狂っている（マイノマイ *μαίνομαι*）」から名詞の「狂気（マニアー *μανία*）」が作られるが、『パイドロス』では簡単な語源説明によってこれと予言術とが結びつけられる。すなわち、予言術はもともと狂気の

（1）Wilamowitz-Moellendorff (1919) S.348; Jaeger (1967) p. 173.

なせる業(わざ)として「マニケー（μανική）」と呼ばれていたのであるが、間に無粋な字母「τ（タウ）」が入ることで、「マンティケー（μαντική）」と呼ばれるようになったというのである（244C）。

予言術が狂気の術でもあるのは、デルポイの巫女（ピュティア）が「神がかり」の状態になるためである。巫女が神がかり（エンテオス）になるのは、アポロン神が彼女に入り込んで、その発声器官を自分のもののように使うことによる。これは先にも述べたが、繰り返しておくと、人間の魂が肉体から抜けて、浮遊するという意味での脱魂状態とは異なる。脱魂（ecstasy）は古代ギリシア語ではエクスタシス（ἔκστασις）と言うが、ギリシアの巫女の場合は、むしろ憑依（possession）にあたり、これはカトケー（κατοχή）と呼ばれる。

彼女たちがいかにして神がかりの状態になったのかについては、さまざまな推測があるが、明確なことはわからない。デルポイの大地の裂け目から異常な蒸気が立ち昇り、巫女はこれを吸って狂乱の状態になったと言われている（プルタルコス『神託の衰微について』433D、ディオドロス『歴史叢書』16,26）。しかし、同地でおこなわれた調査からはこのような蒸気の存在は確認されていない。いずれにせよ、巫女はたいてい同地の村の乙女子から選ばれ、デルポイのアポロン神殿の中でアデュトン（「入るなかれ」の意）と呼ばれる場所に入っていく。そこはおそらく地下にあって、そこに降りていくと三脚台があり、それに上って巫女は神がかりになって神の言葉を語る。この言葉は普通の人にはわからない。そばにいる解釈者が人間にわかる言葉にするわけである。

2 秘儀的狂気（テレスティケー）

ソクラテスは予言術（マンティケー）が占い術（オイオーニスティケー）よりも優れていると言う。後者は鳥などが出す前兆から未来を予想するのであるが、人間が正気の状態でおこなうものであるから、神に由来する狂気（予言術）よりは劣るからである。続いて、ソクラテスは二番目の狂気について語るのであるが、短い文なので原文を訳出してみよう。[2]

さらに、（神の）古えの怒りに由来するきわめて重い疾病と労苦から逃れる方法を見出したのは狂気であり、この狂気は一族のある人々の内に宿って、必要とする人々に神託をあたえ、神々への祈りと奉仕にすがって、まさにそこから浄めと秘儀を得て、正しいしかたで狂い、神に憑かれた人のために現在の災厄から逃れる手段をみつけて、みずからに触れた者を現在においても未来においても健全な者にしたのだ。（244D-E）

この文章に関してはさまざまな解釈の余地があるが、細部は別にしても、いくつか大きな問題がある

（2）Linforth（1946a）が参考になるが、いくつかの点で同意できない。引用文の冒頭部（「さらに」）を強い逆説の意味に解釈しているが、明らかに順接である（Cf. Denniston（1934）p.344: '（4）Progressive'）。

る。とくに、「（神の）古えの怒りによる（παλαιῶν ἐκ μηνιμάτων）」という表現が気になるところである。「怒り」は「罪」（藤澤（一九七四）、脇條（二〇一八））と訳されることもあるが、これは正確ではない。この語はもともと「怒り」や「怒る」の意のメーニス（μῆνις）やメーニオー（μηνίω）と同根の言葉で、怒りや怒りの原因を表している。[3] ここの原文は関係代名詞に動詞がないなど、詩的な表現がおこなわれているが、諸家が引き合いに出すエウリピデスの『フェニキアの女たち』（934）が参考になるだろう。すなわち、「**カドモスに対するアレス神**の古えからの怒りによる（Κάδμου παλαιῶν Ἄρεος ἐκ μηνιμάτων）」という表現であるが、文字通りには「カドモスの」という属格は怒りの目的語（objective genitive）であり、「アレス神の」は怒りの主体（subjective genitive）を表している。したがって、『パイドロス』の原文では略されているが、「（神の）怒り」（神が怒りの主体）と考えるのが自然であろう。

　この怒りは「一族のある人々」に向けられる。「古えの」の語が暗に示しているように、テバイの王家などの例を考えればよい。テバイのラブダコス家に伝わる古くからの呪いが、テバイ王家に数々の災難をもたらしたことは、ソポクレスの悲劇『オイディプス王』などによって知られる。これらは神々の怒りを招いたが、ディオニュソスの秘儀はそれに対する浄め（カタルシス）の役割をしている。原文は「神託をあたえ」と予言術にも言及しているが、藤澤が注記しているように、[4] 重点はむしろ秘儀による浄化（カタルシス）にある。ディオニュソス（バッコス）は狂気を引き起こすが（バッケイオス Βάκχειος）、それと同時に、怒りを鎮め、人々を解放する。そのために、この神は解放者（リュシオス

Λύσιος）とも呼ばれる。[5]

ディオニュソス神とその秘儀について、エウリピデスの『バッコスの信女たち（バッカイ）』などを参考にしながら、もう少し詳しく説明してみよう。古代ギリシアの宗教と神話において、ディオニュソス（Διόνυσος）は、葡萄酒の醸造、豊穣、祝祭、宗教的な狂気を伴う秘儀、さらには演劇の神である。かつてはこの神は東方起源の自然神で、トラキアあるいは小アジアのプリュギアからギリシア本土に移入され、各地において、とりわけ女性の間で熱狂的に崇拝されたと言われてきた。けれども、実際のところ、ディオニュソスの起源にはよくわからないところがある。ディオニュソス神は新しく到来した神であるという従来の説を覆すきっかけとなったのは、一九二〇年代から一九七〇年代における考古学的な発見である。ミケナイ時代のピュロス（ペロポネソス半島南西メッセニアにある都市）で発見された前一三〜一二世紀の二枚の石版（通称 PY Ea 102）には、線文字Bのギリシア語で「ディオニュソ（di-wo-nu-so）」と記載されていた。[6] これが神の名を指すかどうか明確ではないが、その後、クレタ

（3）'causes of divine anger' (Rowe 1986) p.57の訳がより正確である。
（4）藤澤（一九八七）研究用註（244D5-E5）。
（5）Rohde (1890-94) S.338 Anm.2.
（6）Chadwick (1976) pp. 99ff.

島の町カニア（現ハニア）のカステリ丘から出土した粘土板（通称 Gq5）にも同じ文字が記されており、しかも初期のディオニュソス崇拝の存在が確認されている。(7)

神話における系譜では、ディオニュソスは大神ゼウスとテバイ王女セメレとの間に生まれたとされる。ディオニュソスがゼウスの子であることは、その名前の接頭辞 dio- がゼウス（属格がディオス Διός）に由来することからもわかる。セメレはゼウスの正妻ヘラに欺かれ、ゼウスの雷電に撃たれて焼け死んでしまうが、胎児が取り出され、ゼウスの太腿の中に縫い込まれ、月満ちて再度そこから生まれたということになっている。

ディオニュソスに関連する宗教が、すでに前一三世紀からギリシアに存在していたことが明らかになったが、それと古典期における乱舞を伴うディオニュソスの宗教運動との関連は明らかではない。(8) ローデはディオニュソス宗教の発生はギリシア世界の外であり、その宗教運動がある時期にギリシア世界に到来したと仮定した。(9) このローデの解釈に影響を受けた古典学者は多いが、その当否は別としても、こうした宗教運動の最初の萌芽とも思われる記述がすでにホメロスにみえる。トラキアのエドネス族の王リュクルゴス（ホメロスではリュコオルゴス）にまつわる神話である。この王はディオニュソスとその崇拝者たちを排斥したことで知られる。

この男は聖なるニュセイオンにおいて、狂乱するディオニュソスの乳母たちを追い払ったが、彼女らは

人を殺すリュコオルゴスの牛追いの棒で打たれて、聖なる道具を地面に落としてしまった。（『イリアス』6, 132–135）

ニュセイオンというのは、ニュサ山（その位置に関しては諸説ある）にある聖域で、ディオニュソス崇拝の中心地であった。ホメロス風讃歌集の一つ『ディオニュソス讃歌』（讃歌26, 3–5）ではディオニュソス誕生のおりにニンフたちに世話をさせたとあるから、ここで言われる乳母とはこのニンフたちを指す。ディオニュソスの従者は、後にバッカイあるいはマイナデス（後出）と呼ばれた女性たちのことである。彼女らはテュルソス（θύρσος）すなわち常春藤と葡萄の葉を巻きつけ、上部に松毬をつけた杖をたずさえていたから、ホメロスの言葉にある「聖なる道具（テュストラ θύσθλα）」はテュルソスを指すのかもしれないが、明確なことはわからない。

（7）線文字に記された言葉に関する評価については、Bernabé (2013) に詳しい。
（8）ハンガリーの古典学者ケレーニイは、ミノア時代のクレタ島で「ペンテウス」という名の男性が多くいたことに注目する。ペンテウスはディオニュソス神話の登場人物であるが（エウリピデス『バッコスの信女たち』参照）、「悲しみ（ペントス πένθος）」という語との関連から、悲しみの神ディオニュソスの神話が古くより存在したと主張している。しかし、これはあくまでも推測にとどまる。ケレーニイ（一九九九）九二―九五頁。
（9）E. Rohde (1890–94) S.344 ff.

ディオニュソスとこの神が伝えた秘儀については、擬アポロドロス『ギリシア神話』にも関連の記事がある。

ディオニュソスは葡萄の木の発見者であった。ヘラ（ゼウスの正妻）が狂わせたために、彼はエジプトやシュリアをさまよった。最初、エジプト王プロテウスが迎え入れたが、後にプリュギアのキュベラに行くと、その地でレアー（大地の女神）によって浄められ、（彼女から）秘儀の法を学んだ。（『ギリシア神話』III 5,1）

ディオニュソスの秘儀と、ミノア時代にすでに存在したディオニュソスの崇拝との関係は明らかではないが、後の時代のギリシア人には新しく到来した信仰として受け入れられ、一方で、そのような勢力に対して抵抗する人々もいたと考えられる。ディオニュソスへの迫害者の例としては、右のリュクルゴスのほかに、テバイ王のペンテウスがいた。前者についてはアイスキュロスの悲劇『リュクルゴス三部作』（散逸）において、後者についてはエウリピデスの『バッコスの信女たち』において扱われた。

『バッコスの信女たち』はエウリピデス（前480頃～406）の最晩年の作品である。マケドニアのアルケラオス一世の招聘によって当地を訪れていた詩人はすでに七〇歳を過ぎていたが、いまだ創作の気力は衰えておらず、一年半後に死去するが、いくつかの作品を残していた。本作品の『バッコスの信女たち』と、『コリントスのアルクマイオン』（散逸）と『アウリスのイピゲネイア』であった。これらの作品は死後の前四〇五年にディオニュソス劇場において初演されている。

『バッコスの信女たち』の舞台はテバイである。前王はカドモスで、先述のとおり娘セメレとゼウスの間に生まれたのがディオニュソスである。カドモスにはアガウエという名の娘がおり、その子が現王のペンテウスである。セメレの家族のほとんどはディオニュソスがゼウスの神であることを信じようとせず、ディオニュソスは家族から疎まれたため、アジアやその他の異国を旅し、女性崇拝者たち（マイナデス）を集めた。劇の冒頭において、ディオニュソスはカドモスの一族に復讐するため、異国の人に化けてテバイに戻る。そして、テバイの女たちを恍惚の状態にすると、女たちはキタイロン山で踊り狂う。

ディオニュソスの復讐の動機は、母親のセメレが人の子を身ごもったという事実を隠すために、ゼウスの子だと偽ったという讒言（ざんげん）に対して、その無実を晴らすことにあったが、ペンテウスはそのことを知らない。予言者のテイレシアスと前王カドモスの二人の老人がテュルソスを手にもち、常春藤の若葉を頭に巻いて、踊りの列に加わろうとする。若き王ペンテウスはテバイ全土がディオニュソス崇拝者であふれていることを快く思わず、老人たちを叱りつけると、国中にディオニュソス崇拝の禁止を通達する。

異国の人間に扮したディオニュソスは捕縛されるが、まもなくキタイロン山の牧夫が使者としてペンテウスの前にやって来て、自分が目撃したことを王に伝える。それによると、ペンテウスの母親であるアガウエのほか、アウトノエ、イノのカドモスの三人の娘たちが女たちを先導しており、自分も彼女たちにあやうく捕らえられそうになったという。牧夫が難を免れると、今度は、彼女らは仔牛の群れに素手で襲いかかり、牛の体をばらばらに引き裂くという、見るも恐ろしいことが起きた。ペンテウスはディオニュソスの信女たちの暴挙に驚き、何としたものかと思案するが、異国人に扮したディオニュソスがペンテウスに入れ知恵をする。男の姿だと誤って殺されかねないから、女装して女たちの様子を見にいってはどうかというのである。

ディオニュソスに先導された女装のペンテウスは、すでに神の魔力に支配されている。館から外に出ると、太陽が目には二つあるように見える。七つ門のテバイの町も二つに見えている。ディオニュソスはというと、牛の姿で、頭には角を生やしている。その姿に驚くうちに、ディオニュソスは松の枝を手に掴み、ペンテウスの体をくくりつけ、信女たちの目の前にさらした。神が「娘らよ、そなたたちとこの私、そして私の秘儀を笑いものにした男を連れてきた。さあ、復讐してやれ」(1080–81) と言うと、女たちにはペンテウスは人間ではなく、獅子のように見える。そして、松の木から引きずり下ろし、王の体はばらばらに引き裂かれる。ペンテウスの頭をもった母親のアガウエは、王宮に戻り、カドモスと対話するなかでようやく自分が殺したのが、わが子だと気づく。

郵便はがき

料金受取人払郵便

左京局
承認

1063

（差出有効期限
2025年 9 月30日
まで）

（受取人）

京都市左京区吉田近衛町69
京都大学吉田南構内

京都大学学術出版会
読者カード係 行

▶ご購入申込書

書　名	定　価	冊　数
		冊
		冊

1．下記書店での受け取りを希望する。

都道 府県　　市区 町　　店 名

2．直接裏面住所へ届けて下さい。

お支払い方法：郵便振替／代引　　公費書類（　　　）通　宛名：

送料
ご注文 本体価格合計額　2500円未満:380円／1万円未満:480円／1万円以上:無料
代引でお支払いの場合　税込価格合計額　2500円未満:800円／2500円以上:300円

京都大学学術出版会
TEL 075-761-6182　学内内線2589 / FAX 075-761-6190
URL http://www.kyoto-up.or.jp/　E-MAIL sales@kyoto-up.or.jp

お手数ですがお買い上げいただいた本のタイトルをお書き下さい。

（書名）

■本書についてのご感想・ご質問、その他ご意見など、ご自由にお書き下さい。

■お名前

（　　歳）

■ご住所

〒

TEL

■ご職業

■ご勤務先・学校名

■所属学会・研究団体

■E-MAIL

●ご購入の動機

A.店頭で現物をみて　B.新聞・雑誌広告（雑誌名　　）
C.メルマガ・ML（　　）
D.小会図書目録　E.小会からの新刊案内（DM）
F.書評（　　）
G.人にすすめられた　H.テキスト　I.その他

●日常的に参考にされている専門書（含 欧文書）の情報媒体は何ですか。

●ご購入書店名

都道府県　　市区町　　店名

※ご購読ありがとうございます。このカードは小会の図書およびブックフェア等催事ご案内のお届けのほか、広告・編集上の資料とさせていただきます。お手数ですがご記入の上、切手を貼らずにご投函下さい。
各種案内の受け取りを希望されない方は右に○印をおつけ下さい。　案内不要

カドモス　お前たちは心が狂っていたのだ。国全体がバッコスにとり憑かれたのだ。
アガウエ　ディオニュソスがわれらを滅ぼしたことが、今ようやくわかりました。
カドモス　ひどく侮辱されたからな。あの方を神と認めなかったからだ。（1295–1297）

悲劇は王家の滅亡を予示するところで終わる。

3　マイナデス／バッカイ

エウリピデスの『バッコスの信女たち』に描かれた「狂乱する女性たち」がギリシアの各地でみられたことは、歴史家が記したものや碑文から確認される。ディオドロスによれば、「ギリシアの多くの都市において、二年ごとに信女たちが集い、乙女らがテュルソスを持ち歩き、神がかりになって、エウアイと叫び神（ディオニュソス）を讃えることが許されていた」（『歴史叢書』4,3）という。このディオニュソスの従者となった女性たちが、マイナデス（μαινάδες）あるいはバッカイ（Βάκχαι）である。

まず、マイナデスであるが、これは複数形で、単数形はマイナス（μαινάς）と言うが、もともと形容詞の女性形で、「狂乱した」を意味する。とくにディオニュソスの祭りで狂乱状態にある女性について使われることから、名詞化してその女性たちを指すようになった。次に、バッカイであるが、前五世紀あたりからディオニュソス神はバッコス（Βάκχος）とも呼ばれるようになり、ローマ世界でもバックス（Bacchus）の名前で一般に知られるようになる。このバッコスという名称は、リュディア語から拝借されたものではないか、という見解がある。[10] この見解の良否については判断できないが、最初期の典拠を探すと、アルクマン（前七世紀）の詩に、「カドモスのバッケー（B[α]κχῶν Καδ[μ-]」（断片7PMG）のような語が出てくる（括弧内はパピルスの破損部分を推定によって補っている）。同時代のアルキロコスの詩にも、「各々がそとで酒を飲むと、内からバッキエー（βακχίη）の声が上がり」（断片194 West）という一文がある。前者はおそらくバッカイの単数形（Βάκχη）かと思われる。後者は狂乱の声の意であろう。

4 コリュバンテス

これと関連するのがコリュバンテスと呼ばれる人々である。小アジア（現在のトルコ）の中西部を古代にプリュギアと言ったが、大地女神キュベレの崇拝の中心地であった。コリュバンテス（Κορύβαντες）と呼ばれる祭司たちについては、古代の著作家たちがその狂騒的な祭儀にしばしば言及している。コリュバンテスはキュベレの崇拝者の末裔と考えるのが自然であるが、[11] 明確な根拠があるわけではない。彼らはクレタ島のクーレーテス（Κουρῆτες）——単数形はクーレース（Κούρης）——としばしば混同される。こちらはゼウス神が誕生したさいに、父神クロノスが自分の子を次々と呑み込むものだから、母神レイアが秘かにクレタ島でゼウスを産んだのであるが（ヘシオドス『神統記』478–491）、出産に気づかれないように、クレタ島の半神たちであるクーレーテスが、武装して盾を槍で打ち鳴らしながら踊ったと言われる。擬アポロドロスの『ギリシア神話』（I 1,7）にも同様の記事がある。ミノア時代におこなわれていたクレタ島の古い祭儀に由来するものと考えられているが、狂騒的な祭儀を伴うところが類似している。

けれども、両者が類似していることは、同一であるということではもちろんない。エウリピデスは、人が神がかりの状態に陥る原因としていくつかを挙げているが、コリュバンテスもその中に含まれる。

おお姫さま（パイドラ）、あなた様にはパーン（牧神）か、ヘカテ（夜の女神）か、厳かなるコリュバンテスか、それとも山に住まう母神（キュベレ）にとり憑かれて、心乱されておられるのか。（『ヒッポリュトス』141–144）

（10）リュディア語の Bakivaś がギリシア語の Διονυσικλῆς と言い換えられているテキストが根拠とされている。Graf (1985) S.287–291.

（11）Dodds (1951) p.96 n.90（日本語訳、一一八頁）.

このようにとり憑かれた精神状態について、プリニウスは「実際、ウサギや多くの人々は目を開けた状態で眠るが、ギリシア人はこれを『とり憑かれた状態になる』（コリュバンティアーン）と言っている」（『博物誌』11, 147）と報告している。この「目を開けた状態」が何を意味するのか明らかでないが、おそらくローデが言うように[12]、ある種の「催眠状態」（hypnosis）を指しているのであろう。いずれにせよ、ギリシア語動詞のコリュバンティアーン（*κορυβαντιᾶν*）は文字通りには「コリュバンテスの踊りに加わる」の意味である。

踊りには狂騒的な音楽が伴う。ホメロス風讃歌集の中でも前七世紀頃の成立かと思われる『神々の母への讃歌』には、三つの楽器が並べられている。

> 偉大なるゼウスの娘、声きよらかなムーサよ、すべての神々とすべての人間の母（キュベレ）のことを讃えよ。女神のお気に入りは、笛の音色に加え、クロタロン（カスタネット）とテュンパノン（タンバリン）が鳴り響く音、狼や猛々しい獅子の遠吠え、山々や樹木多き谷間にこだまする音。（讃歌13, 1–5）

テュンパノンは太鼓と訳されることが多いが、円形枠の片面あるいは両面に皮を張った打楽器で、指で叩いて演奏する。今日のタンバリンに近い。コリュバンテスの踊りでも、この笛、クロタロン、テュンパノンが登場する。さらに、バッコスの信女（バッカイ）が、真冬に山野を駆け巡り、踊り狂うときにも同じ楽器が用いられた。

キュクロプス　さあ、どけどけ、これはどうしたんだ。このだらけぶりはどうしたんだ。どうしてバッコスの騒ぎをするんだ。ここにはディオニュソスはいないぞ。青銅のクロタロンもテュンパノンもいらんぞ。（エウリピデス『キュクロプス』203–205）

コリュバンテスの踊りとバッコスの信女たちの狂乱ぶりがしばしば同一とみられることが多いのも、同様な楽器が用いられたという類似性に基づいている。

5　ギリシア劇の誕生

ディオニュソスを祀る祭礼はディオニュシア祭と呼ばれる。この祭礼は、アテナ女神を祀るパンアテナイア祭と同様に重要なものであったが、とくに祭礼では悲喜劇が上演されたことで知られている。ただし、ディオニュシア祭は一つの祭礼ではなく、アッティカ地方では小ディオニュシア祭（田舎のディオニュシア祭）、レナイア祭、アンテステリア祭、大ディオニュシア祭（町のディオニュシア祭）の四つに分かれていた。このうち小ディオニュシア祭が最も古く、ポセイデオン月（太陽暦の一二月頃）に開

（12）Rohde (1890–94) S. 336 Anm.1.

かれた。レナイア祭や大ディオニュシア祭において悲喜劇が上演されている。

アリストパネスの喜劇『アカルナイの人々』を読むと、二人の召使いに男根（パロス）の張形を付けさせて、主人が男根歌（パリカ）を歌いながら行進しているが、この行列をコーモス（κῶμος）と言った。この歌の音頭取りからアッティカ喜劇が生まれた、とアリストテレスは言っている（『詩学』1449a12）。「コーモスの歌（オーデー）」すなわち「コーモーディアー（κωμῳδία）」がコメディーの語源である。

一方、悲劇の起源は明確ではないが、アリストテレスは右の同箇所で、ディテュランボスの音頭取りから生まれたと述べている。ディテュランボスとは神を称える讃歌のことであるが、とくにディオニュソスに捧げる酒神讃歌がよく知られている。ディオニュソスの祭礼のレナイア祭はガメリオン月（太陽暦の一月頃）に開かれたが、はじめはディテュランボス歌が歌われていた。これに俳優が入ることで悲劇が誕生する。悲劇は文字通りには「山羊の歌（トラゴスのオーデー）」であるが、その正確な意味については諸説がある。

6 詩人の狂気（ポイエートーン・マニアー）

ディオニュソスの狂気についてはこれくらいにして、次に詩人の狂気に移ろう。これについては前章において『イオン』の例をみたが、『パイドロス』のテキストにそって今一度確認しておこう。ソ

クラテスはこれを「ムーサたちにとり憑かれる狂気」と呼んでいる。この狂気は、

> 柔らかく汚れのない魂をとらえては、歌やその他の詩歌に目覚めさせ、熱狂させ、古えびとの勲（いさお）を言葉で飾り、後世の人々を教育する。他方、技巧だけで詩人になるのに十分だと信じて、ムーサたちの授ける狂気なしに詩作の門に至るならば、みずからが不完全な詩人に終わるだけでなく、正気がなせるその詩も狂気にとり憑かれた人びとの詩によって打ち消されることになる。（245A）

右で「不完全な」と訳したアテレース（ἀτελής）は、「秘儀を受けない」の意味も含んだ言葉である。正気の人が作る詩は、狂気によって作られる詩には及ばないという考えは、プラトンのほかにデモクリトスにもあったと、キケロが伝えている（『弁論家について』II 46, 194、『卜占について』I 38, 80＝デモクリトス「断片」17 DK）。キケロの言い方では、「魂に火が点かなければ（sine inflammatione animorum）」、「狂乱することがなければ（sine furore）」（同箇所）優れた詩は書けないわけである。

さらに、右で「熱狂させ（ἐκβακχεύουσα）」と訳した言葉は、ディオニュソスの秘儀に加わることをも意味するから、作者のプラトンは、詩作をディオニュソス崇拝と同種類のものとみなしていることになる。先に述べたように、恍惚状態になって語る詩人という考えは、前五世紀以前には遡ることはできないように思われるが、プラトンはこれを「古くからの伝説」としている。

立法者よ、われわれ自身によっていつも語られ、ほかのすべての人もともに認知してる古くからの伝説がある。すなわち、詩人がムーサの鼎(かなえ)の上に座るとき、正気のものでなくなり、あたかも泉のごとく、湧き出でるものがたやすく流れるにまかせるのだ。（『法律』719C）

ここでは、アポロンの予言を授かる巫女（ピュティア）が座る鼎が、ムーサの技について用いられているのが興味深い。予言の狂気と詩人の狂気はここでも連関しあっているのである。それは別として、右の言葉をプラトンより百年ほど以前のエレゲイア詩人テオグニス（前550～540年頃に活躍）の言葉と比較してみよう。

ムーサたちに仕え、その言葉を伝える者は、なにか並外れたことを知っているならば、その知を惜しんではならない。（『エレゲイア詩集』769-770）

テオグニスの場合、詩人は「言葉を伝える者」すなわち伝達者（アンゲロス ἄγγελος）であり、その意味ではムーサの直接知を伝える詩人というホメロスの文化圏の外には出ていない。これに対して、プラトンは予言者＝詩人（seer-poet）という古えからの関係に、神がかりという新しい一面を加えていると言うことができるだろう。

プラトンの『パイドロス』は、以上の三つの狂気に加えて、第四の狂気を語りだす。この狂気こそ、本書のテーマであるプラトン的恋愛（プラトニック・ラブ）の本質に関わるものである。

第6章 魂の不死と輪廻転生

三つの狂気について述べた後、ソクラテスは最初の問題であるエロース（恋）に話題を戻す。人間にエロースがあたえられるのは、単に彼らを益するためだけではない。むしろ、「このような狂気（恋）が神々からあたえられるのは、最大の幸福のためである」（245C）と主張する。以下の議論はこのことの論証のために語られるのであるが、その構造は必ずしも単純なものではない。

しかも、この狂気が「第四の狂気」であることは議論の途中（249D）において宣言される。それまでの議論（245C–249D）は本論への前置きとも言うべき部分である。ここでは神と人間の本性が何であるかが明らかにされる。

1 魂は不死である

(1) すべての魂は不死である。なぜなら、常に動くものは不死であるからだ。

(2) 他のものを動かし、他のものによって動かされるものは、運動の休止をもつから、生の休止(死)をもつ。

(3) 自分自身を動かすものだけが、自分自身を見捨てることがないから、けっして運動をやめることがない。それは他の動かされるものにとって、運動の源や始原となる。

(4) 始原は生成することがないものである。なぜなら、すべての生成するものは始原から生成するのでなければならないが、しかし始原そのものはなにものからも生成しないからである。もし始原がなにものかから生成したのだとすると、それ(すべての生成するもの)は始原から生じたことにならないであろう[1]。

(5) 始原が生成しないのであれば、必然的に不滅のものである。なぜなら、始原が消滅するとすれば、すべてのものは始原から生成するのでなければならない以上、始原そのものもなにかから生成することも、他のものが始原から生成することもなくなるであろう。

(6) かくして、自分で自分自身を動かすものが運動の始原であることになる。それは消滅することも、生成することもありえない。そうでなければ、全天とすべての生成物は崩壊して、停止してしまい、動かされて生成することになるもの（始原）をもつことは二度とないであろう。
(7) 自分自身によって動かされるものが不死であることが明らかにされた。魂の本質と定義はまさにそのようなものである。すなわち、（自分自身の）外側から動かされるすべての物体（肉体）は魂のないものであり、自分自身の内側から動かされる――これが魂の本性にほかならない――ものは魂をもつものである。しかし、自分で自分自身を動かすものが魂にほかならないのだとすると、魂は必然的に不生であり、不死であることになる。（245C–246A）

この部分がプラトンの有名な魂の不死論証であるが、議論そのものの展開は理路整然としている。議論に欠陥があるとすれば、ここで言われる運動がすべて同一の意味において言われているのかどうか、さらに、そもそも自分で自分自身を動かすものが魂であるという規定が正しいのかどうかであろう。

この論証をわかりやすく説明するために、ゴルフのパットの例で考えてみよう。ゴルフボールがホ

（1）後半の文を Burnet は「もはや始原でないことになるだろう (οὐκ ἂν ἔτι ἀρχὴ γίγνοιτο)」と修正して読んでいるが (Burnet II (1901))、多くの研究者とともに、写本のまま (οὐκ ἂν ἐξ ἀρχῆς γίγνοιτο) で読む。この読みの困難は主語を変えて読まねばならないことであるが、それほど不自然ではないだろう。

ールを目がけて飛んでいくのは、ゴルフクラブで打たれるからである。ボールは動かされるものであり、クラブはそれを動かすものである。しかし、クラブは選手の手や腕に動かされている。つまり、クラブは動かすものであると同時に、動かされるものでもある。クラブを動かしているのは手や腕であるが、それを動かしているものは何であるのか。プラトンはこのボールの運動の開始点として、自己運動者の魂を設定するわけである。けれども、この第一の運動者（今日では、魂よりも脳と言ったほうがわかりやすいが）が手や腕に指令をあたえて、これを「動かす」としても、その運動はボールがある地点から別の地点へ動くという場所運動とは同じでないはずである。これをあたかも同じレベルの運動とみなしているところに、この議論に対する疑問がある。

また、魂を自己運動者と規定することについては、すでにアリストテレスが批判している（『魂について』I,3）。その当否はさておき、心身問題は今日でも哲学者や心理学者を悩ませている。ここでは簡単な例を挙げてみよう。ものを自動的にある方向に動かす機械があるとして、この機械が自己運動者と言えるかどうかという例で考えてみると、機械は自動的にものを動かしているとしても、動かすように設定したのは人間であるから、その意味では機械を自己運動者だとは言えないかもしれない。だが、ここにものを動かすことができるようにプログラムされたロボットがいるとして、たしかにプログラムしたのは人間であるのだが、ある状況下において動かすか動かさないかをロボットが状況を判断するとした場合はどうだろうか。その特定の運動（この動き）を決めたのは人間ではなくそのロボットだということになるのではないか。そうすると、自己運動者が魂であるという規定は崩れることになるだろう。

こうした疑問は当然提起されるべきものと考えられる。けれども、本書の関心はプラトンの魂の規定の当否にはないので、ここでは疑問点を指摘することにとどめ、『パイドロス』の議論の続きをみることにしよう。

2　二頭立て馬車の比喩

魂が不死であることが語られたとして、次に問題となるのは、そういう魂をもつものがなぜ「死すべきもの」と呼ばれるのかということである。その説明のために「魂の姿」について語られるが、プラトンの記述は魂の不死論証の議論から一転して、物語（ミュートス）を借りた描写に移る。そのことについて、対話者のソクラテスは次のような言い訳をしている。

> 魂の姿がどのようなものであるかについては、神的で長大なる記述が必要になるが、それが何に似ているのかについては、人間的なより短い記述が可能である。(246A)

つまり、これよりは論証的な記述は困難なので、真実に似た、ありそうな物語に留めるということである。この物語では魂は「翼をもつ二頭の馬と御者」に譬えられる。これはプラトンの『国家』(434C 以下)において語られる「魂の三区分説」を下敷きにしている。魂を構成する部分として、物事を知る「理知的な部分」、怒りや激情に関わる「気概の部分」、さまざまな欲望を抱く「欲望的部分」が存在し、理知的な部分が残りの部分を正しく監督すれば優れた魂になるが、うまく制御できなければ劣悪な魂になるというものであるが、『パイドロス』ではこの理知的な部分が御者に、残りの部分は二頭の馬に比せられる。馬のうちの一頭(気概の部分)は、善美な性格をもちそのようなものに由来するが、もう一頭(欲望的部分)はそれとは反対の性格と由来をもっている。そのために、御者の手綱さばきはむずかしいものとなる。

さて、魂は不死であるのに、人間はなぜ死すべきものと呼ばれるのか。つまり、魂の不死性と人間の可死性とはどのようにして両立するのかが問題である。

(1) すべての魂は魂を欠くものの世話をする[2]。そして、その時どきで姿を変えながら、天界全体をめぐる。

(2) 翼のそろった完全な魂は、天空を翔けめぐり、宇宙全体を監督するが、翼を失った魂は、なにか固いものにつかまるまで運ばれていき、土の性をもった肉体を掴まえて、そこに住みつく。肉体は自分で自分を動かしているように思われるのだが、これは魂の力によるのである。そして、

この魂と肉体が結合した全体が生きものと呼ばれ、「死すべきもの」という名称があたえられることになる。（246C–D）

つまり、魂はそれ自体としては不死なのであるが、肉体と結合すると「生きたもの」となり、やがて両者は分離するから、「死すべきもの」とも呼ばれる。この場合、死とは魂の死ではなく、肉体との分離を意味している（『パイドン』64C）。では、魂が翼を失うとはどのような意味なのか。それについて、次に語られる。

(1) 翼がもつ本来のはたらきは、重いものを神々の種族が住む上方へ翔け上がらせ連れていくことにあり、肉体に関わる数々のもののうちで、最も神的なものを分けもっている。神的なものとは美、知、善、およびそういったすべて性質のもののことである。これらによって、魂の翼は最もよく育まれ、成長するが、醜、悪、その他の反対的なものによって魂の翼は衰え、消滅する。

(2) さて、天界においてさまざまな魂が行進する。一番に進むのは、万物に秩序をあたえ、配慮す

（2）ψυχὴ πᾶσα（オクシュリュンコス・パピルス）を読む。写本のように冠詞を入れて読めば、宇宙全体の魂（世界霊魂）の意になるが、文脈と合わない。ここでは（245Cと同様に）魂一般について語られているとする。

る偉大なる指導者ゼウスである。これにつき随うのは、十一の部隊に整列した神々とダイモーンたちの軍勢。ヘスティア（炉の女神）だけはそのはたらきから神々の館にとどまるが、ヘスティア以外の集団では、その隊長に任じられた神々（オリュンポス十二神）が、各自の隊列において指揮をとる。

(3) 天界の内側では、幸福な神々の種族が各自みずからの任務を果たしつつ、これをめぐりゆき、それを望み、力のある者はその行進について行く。神の合唱隊にはねたみがないからである。
(246D–247A)

この箇所についてはさまざまな解釈があって、プラトンの天文学説や、十二という数字に黄道十二宮など読み込む試みもあるが、おそらくその必要はないだろう。また、オリュンポス十二神が想定されているが、旧来の神観をそのまま受け継いでいるわけでもない。「神々の合唱隊にはねたみがない」という言葉がそのことを示している。「ねたみ」にあたるギリシア語はプトノス（φθόνος）である。「神々はねたみ深い」というのが伝統的な神観であり、さまざまな文献に登場する。ホメロスにおいてカリュプソは「神々よ、あなたたちは残酷で、比類なくねたみ深い」（『オデュッセイア』5, 118）と憤慨している。アイスキュロスでは、この考えは「死すべきものの間で古くから語られている」（『アガメムノン』750）と言われている。こうした見方に抗して、神々にはねたみはないとする。このことはプラトンのほかの作品でも繰り返されているが（『ティマイオス』29E、『エピノミス』988B）、旧来の神観から距離を置くものである。

オリュンポス十二神とは、先の王権をにぎっていたクロノスをはじめとするティタン族との戦い（ティーターノマキアー）に勝利した神々、および戦いの後に誕生したオリュンポスの神々を指す。すなわち、ゼウス、ポセイドン、ヘラ、アレス、アプロディテ、ヘパイストス、ヘルメス、デメテル、アテナ、アポロン、アルテミス、ヘスティア（時にディオニュソス）である。けれども、当時の知識人がこうした神観をそのまま受け容れていたわけではない。哲学者クセノパネス（前六世紀頃の哲学者、詩人）が擬人化されたホメロスの神々を批判したことはよく知られているし、プラトンの『国家』や『ティマイオス』などの作品を見ると、オリュンポスの神々をホメロスが描いたようなかたちで信仰してはいなかったことがわかる。『パイドロス』におけるオリュンポス十二神の登場は、ホメロス以来の多神教世界を背景においてのことであるが、物語（ミュートス）の自由な表現にまかせてその名が挙げられているだけにすぎない。

3 魂たちの行進

次に述べられているのは、神々の食事の宴である。神々の魂は、「天蓋の極み」まで翔け昇っていく。宇宙は天球としてとらえられ、その頂点に至ると、その外側の世界を見る。

(1) 神々の馬車は、馬の力も均等で、手綱さばきも容易であるが、死すべきものの馬車にとっては苦難多き道のりとなる。悪しき性質をもつ馬が、御者によって正しく訓練されていなければ、地上のほうに傾き、御者を下方に引っ張るからである。

(2) 不死と呼ばれるもの（神々）の魂は、天蓋の極みまで翔け昇ると、その外側に出て、天の背に立つ。魂たちがそこに立つと、彼らを回転する天球が運び、魂たちは天の外側を観照する。（247A–C）

「背」と訳された原語はノートン（νῶτον）であり、普通は人体の背中を指す言葉であるが、天の背とはその背面、つまり外側から見た表面のことである（動物との比較から、天球の上部だけを指すとする解釈もあるが、ここで重要なのは内側と外側の区別だけである）。もちろん、そのような世界のことを人間が語るのは困難である。話は続く。

(3) 天のかなたのこの領域（天の外側）のことを、地上の詩人のだれひとりとして、それにふさわしく讃えた者はいないし、これからもないであろう。しかし、真理について語るときには、そのありのままを語らねばならない。真実在に関する描写。色なく、形なく、触れることもできない真なる存在は、魂の舵をとる知性によってのみ観照され、真の知識はそれに関わるものであるが、そこにその場所をもっている。

(4)(247C–D)

ここに語られているのはプラトンのいわゆるイデア論であるが、『饗宴』(211A–B)の「美そのもの(美のイデア)」と比較できるものである。「この領域」すなわち天の外側が真実在(イデア)の位置する場所であるという言葉を、文字通りの意味にとるのか、物語風の比喩と解するかで解釈が分かれるであろうが、ここは神々の魂の正餐(饗宴)について語られているのであるから、物語の文脈で語られたものだと理解しておきたい。同様のことは、ここで語られる馬車が何頭立てかという問題についても言える。テキストでは二頭立てと言われているから、そう理解しておけばいいのだが、それだと神の馬車に悪しき性質の馬がいるという奇妙なことになる。そのために、神の馬車のみは一頭立てだとする解釈もある。しかし、物語にこのような厳密性を求めることにはあまり意味はなく、馬車の構造はあくまでも人間の魂を理解するためのものだと解しておくべきである。

(5) さて、神の精神は――すべての魂の精神も同様であるが――純粋な知や知識によって育まれるので、真実在を目にすると喜びにあふれる。

(6) これは回転運動（天球における魂たちの行進）が一周するまで続く。その間に正義そのもの、節制そのもの、知識そのものを観照する。知識と言っても、生成がそれに付加されるような知識ではなく、われわれが今「ある」と呼んでいるような物事に成立する知識でもない。こういう知識はそのあるものが異なれば、知識も異なってくる。そのようなものではなく、真に「ある」ものにおいて成立するような知識のことである。

(7) 神々の魂はそのほかの真実在を観照し、饗応を受けた後、再び天の内側に入り家路につく。それぞれの住みかに戻ると、御者は馬たちをかいば桶のところにつなぎ、アンブロシア（神の食べ物）を投げあたえ、ネクタル（神の飲み物）を飲ませる。（247D–E）

こうした比喩をまじえた記述は、執筆年代が近い『国家』において語られている善のイデア＝太陽の比喩（『国家』507C–509B）、線分の比喩（509D–511E）、洞窟の比喩（514A–517A）を思い起こさせる。真実在に関する議論が比喩の形式で語られるのは、ありのままの説明が困難な事柄であるからである。さらに、右の神々の魂の正餐についての記述は、人間などの死すべき魂の定めを対比的に説明するためのものでもある。では、神々以外の魂はどうなのか。

(1) 最もよく神につき従い、最もよく神に倣う魂は、御者の頭を天の外側に出し、馬が暴れるので苦労しながら真実在を見る。

(2) ある魂は天の外側に、時に頭を出し、時に頭を出さないため、真実在のあるものを見るが、あるものは見ない。

(3) 残りの魂は、まったく頭を沈めたままで、外側の世界を見たいために争いが生じ、そのために多くの翼が損傷を受け、折れてしまう。はなはだしい労苦に疲れはて、真実在の観照によって浄められないまま、立ち去っていくが、彼らを養うのは思わく（ドクサ）である。

(4) 何を目的として、この「真理の野」がある場所を観ようとするのか。それは魂を軽快にする翼の原質がこの「牧場」からとれるからである。（248A–C）

ここでは三種類の魂が区別されているが、「真実在の観照によって浄められない（ἀτελεῖς τῆς τοῦ ὄντος θέας）」と訳されたアテレース（ἀτελής）は、先にも述べたが、文字通りには「不完全な」の意であり、同時に「秘儀を受けていない」の意味をもっている。真実在を観照することは、秘儀による浄めを受けることにほかならない。いささか唐突に出てくる「真理の野（τὸ ἀληθείας πεδίον）」や「牧場（λειμών）」は、次に出てくる「アドラステイアの掟」と同様に、オルペウス教の教説を暗示させる言葉である。「牧場」はエンペドクレスの「迷妄の牧場（Ἄτης λειμῶνα）」（「断片」121 DK）とよく比較されるが、オルペウス文書であるトゥリオイ出土の金板にも、「聖なる牧場（λειμῶνάς ἱεροὺς）」（オルペウス「断片」20DK）という表現が出てくる。話が脱線することになるが、オルペウス教についてここで少し説明しておきたい。

4　オルペウス教

『パイドロス』では続いて、翼を失った魂たちの運命について語られるが、それを定めたのが「アドラステイアの掟」である。アドラステイア（Ἀδράστεια）という語は、否定辞の「ア（ἀ-）」と「逃げ去る」の「ディドゥラスコー（διδράσκω）」との合わせ字で、「逃れることができない」を意味する。要するに、「必然（アナンケー Ἀνάγκη）」のことであるが、義憤、復讐を擬人化したネメシスの別名だとも言われる（アイスキュロス『縛られたプロメテウス』936古注参照）。問題はこれといわゆるオルペウス教との関連である。

後六世紀の新プラトン主義哲学者のダマスキオスの『第一原理について』に、オルペウス教関連文書として、次のような一節がある。

オルペウスの神学とは、以下のようなものだと言われる。最初に水と素材があって、その素材から土が

> 凝固した。……それら二つのもの（水と土）に続いて、第三の始原が生じた。それは蛇（ドラコーン）で、牡牛の頭と獅子の頭をそなえ、中央部は神の顔があり、両肩には翼が生えていた。この第三の始原は、「老いを知らぬ時（クロノス）」とか「ヘラクレス」とかいう名前ももっていた。これに結びつけられていたのが**必然**（アナンケー）である。これは**アドラステイア**と同じ自然本性のものであるが、非物体的で、その腕は宇宙全体に伸びており、宇宙の境界に触れていた。（『第一原理について』123＝オルペウス「断片」13DK 強調引用者）

これはオルペウス教の宇宙生成譚と称せられるものの一部である。この後の記述を読むと、(1)水＋土（大地）、(2)蛇（ドラコーン）＝不老のクロノス（時間）＝ヘラクレスとあり、さらに読んでいくと、(3)アイテール（上層気）、カオス、エレボス（幽暗）、(4)卵、……と続いている。後二世紀の哲学者で、後にキリスト教に転向したアテナゴラスの『キリスト教徒のための嘆願』（18＝オルペウス「断片」13DK）も同様の生成譚を紹介している。多少の差異はあるが、大筋では同じであり、大きな卵が出現するところがその特徴になっている。クロノス（Χρόνος）は「時間」の意味で、ゼウスの父神であるクロノス（Κρόνος）とは区別されるが、両者はこの神話ではしばしば混同されている。

このようにヘシオドスの『神統記』で描かれている古代ギリシアの伝統的な神々の系譜とは別に、オルペウス教独自の宇宙生成譚があり、この中でアドラステイアが登場する。このことは『パイドロス』の「アドラステイアの掟」が単に「逃れることのできない」掟以上の意味を含んでいることを暗示している。もともとホメロスが描いていたオリュンポス十二神の世界には、来世を志向する教義は含まれていなかった。後にみられるような、魂の受肉、人間の魂の死後の応報、輪廻転生などの考えかたは、新しい思想の到来を待たねばならなかった。しかしながら、後述するように、プラトンが影響を受けたと言われるこれらの思想の内実は、謎につつまれている。

ここでオルペウス教の教義について簡単に説明しておこう（詳しくは第七章を参照）。古典期以降において、オルペウスの名のもとに『神統記（テオゴニア）』『アルゴナウティカ』『讃歌』が流布していた。これらはいずれもオルペウスの名を冠した後代の擬作だとされている。

その思想の中核をなすのは、ディオニュソス（ザグレウスの異名をもつ）の受難神話である。ゼウスとペルセポネとの交わりから生まれたディオニュソスは、ゼウスの正妻のヘラの嫉妬を受け、ティタンたちの襲撃を受ける。ディオニュソスは逃げまどい、さまざまに変身するが、最後に牡牛になったときにティタンたちに捕らえられ、八つ裂きにされて、食われてしまう。ゼウスはこれに怒って、ティタンたちを雷電で撃ち殺すが、残った燃え殻から人間が誕生したとされる(3)。そのために、人間はゼウスに由来する善の要素と、ティタンに由来する悪の要素を分けもつこととなった。そのために、人間はディオニュソスに帰依し、神的な要素を解放してやる必要がある。ヘロドトスはこのオルペウス教の由来について、次のように語っている。

エジプト人は羊毛を神殿の中に持ちこむことはなく、一緒に埋葬することもない。これは不敬なことだからである。これらの風習は、いわゆるオルペウス教やバッコスの徒らのそれと一致しているが、もともとエジプト人やピュタゴラス派のものである。なぜなら、これらの秘儀にあずかりながら、羊毛の上着を身につけて埋葬されることは、敬虔なことではないからである。これについては、聖なる言葉（ヒエロス・ロゴス）が伝えられている。（『歴史』2,81）

ヘロドトスのこの部分はよく引用される箇所であるが、二系統の伝承写本が存在する。上記はローマ写本（ὁμολογέει δὲ ταῦτα τοῖσι Ὀρφικοῖσι καλεομένοισι καὶ Βακχικοῖσι, ἐοῦσι δὲ Αἰγυπτίοισι καὶ

（3）実のところ、この物語の一部はかなり後代の典拠しかない。⑴ティタン族がディオニュソスを八つ裂きにして殺したという話は、ディオドロス『歴史叢書』（5,75）が伝えており、前六世紀にまで遡ると思われるが、⑵殺されたディオニュソスがティタン族に食われるという話は、前三世紀の詩人、文法学者のカルキスのエウポリオン（「断片」14Van Groningen）が初出と比較的後代で、さらに⑶ゼウスに撃たれたティタン族の燃え殻から人間が誕生したという話は、後二世紀の弁論家ディオン・クリュソストモス（『弁論集』30,55）に、より明確には後六世紀の新プラトン主義哲学者オリュンピオドロス（『プラトン「パイドン」注解』1,3）に登場する（ただし、プラトン『法律』701Cにこの伝説を読み込むことは、あながち不自然ではない。161頁参照）。これらに関する入念な分析と評価については、Edmonds (2013) Chap. IX 参照。

Πυθαγορείοισι) の読みであるが、フィレンツェ写本 (ὁμολογέουσι δὲ ταῦτα τοῖσι Ὀρφικοῖσι καλεομένοισι καὶ Πυθαγορείοισι) だと、より短く「これらの風習は、いわゆるオルペウス教やピュタゴラス派のものと一致している」となる。[4] ヘロドトスは別の箇所において（『歴史』2, 123）、輪廻転生説もエジプトに由来するとしているが、このエジプト起源説は誤りであることがわかっている。その点は措くとして、いずれの読みを採るにしても、(1)オルペウス教とピュタゴラス派とが関係があること、そしてより長いヴァージョンでは、(2)それらがピュタゴラス派（おそらくヘロドトスの考えでは、エジプト人から学んだピュタゴラス）に淵源することの意味を含んでいる。新プラトン主義のイアンブリコスの『ピュタゴラス的生き方』(146) はヘロドトスとは違って、ピュタゴラスがオルペウスから手がかりを得て、『神々についての論』すなわち『聖なる言葉（ヒエロス・ロゴス）』を著したが、これはオルペウスの教説の最も秘教的な箇所から摘要したものだとしている。さらに、悲劇作家のイオン（前五世紀）は自作の『トリアグモイ』において、ピュタゴラスがいくつかの詩を書いたうえで、これをオルペウスの作としたと述べているようである（ディオゲネス・ラエルティオス『ギリシア哲学者列伝』8, 8）。このようにピュタゴラス派とオルペウス教徒の関係は、すでに古代において明確ではなかった。

　プラトンの時代に、オルペウスあるいは彼の弟子とされるムサイオスの書物なるものが出回っていたことがわかっているが（『国家』364E）、二人とも伝説上の詩人であるから、彼らの名前を冠したものが存在したということであろう。アリストテレスは断定を避けて、「いわゆるオルペウスの詩」（『魂について』410b28）という言い方をしているが、新プラトン主義の注釈家ピロポノスの同箇所への注解では、「アリストテレスが『いわゆる』と言っているのは、この詩がオルペウスのものだとは考えられないからである」と言っていて、作者をオノマクリトス（前六世紀後半）に帰している（ピロポノス『アリストテレス「魂について」注解』186, 24）。

ガスリーはオルペウス教の教説が前六世紀に聖典としてまとめられたとしているが、この見解に対して懐疑的な見方が現在では主流になっている。すでにヴィラモーヴィッツ＝メレンドルフがこれに対する疑問を表明していたが、リンフォースが鮮明に打ち出した。いわゆるオルペウス教の文献なるものは、ヘレニズム時代以前に遡るものではなく、現在残っているものの大部分がローマ時代のものであるという(5)。

けれども、古典期のギリシアにおいて、オルペウス教という宗教の信仰の実体については疑いがあるが、プラトンがオルペウスの徒と呼ばれる人々を知っていたのは間違いないところである。右に挙げた『国家』の箇所では、オルペウス教徒を自認する乞食坊主らについて批判的に語っているが、別

（4）原文のコンマの打ち方などで、さらに解釈が分かれる。Cf. Burnet (1930) p.88 n.4; Burkert (1971) pp.127–128.

（5）Guthrie (1950). これに対する批判的な立場の研究者として、Wilamowitz-Moellendorff (1931-32), II S.190ff.; Linforth (1941) がいる。最新の Edmonds (2013) も大体のところでリンフォースにくみする。

の箇所では、肉食を避ける「いわゆるオルペウス教徒の生きかた」（『法律』782C）について言及しており、さらにオルペウス（あるいはムサイオス）の名で伝えられる「言葉」（『法律』669D）を知っていたと思われる。バッコスの徒、オルペウスの徒、ピュタゴラス派の相互の関係については明らかでないところが多いが、プラトンがその中から彼自身にとって重要な教説を読み込んでいたのは間違いないと考えられる。いささか脱線が長くなったので、『パイドロス』に戻ろう。

5　アドラステイアの掟

アドラステイアの掟とは、真実在をどの程度見たかに応じて定まる魂の運命のことである。

　どのような魂であれ、神に一緒についていき、真実在の一部を見た者は、次の周遊まで損なわれることなく、⑴ このことが常にできれば、常に害されることがない。だが、⑵ 魂が神についていくことができず、真実在を見そこない、なんらかの不運に遭遇し忘却と悪徳に満たされて、体が重くなり、重さのゆえに翼を失って地上に落ちた場合（すなわち、肉体と一つになった場合）には、次のように法が定められている。

　その者は最初の生においては、獣の自然本性を植えつけられることはない（すなわち、人間として転生す

る）。（248C-D括弧内は引用者の補い）

周遊（ペリオドス）は周期とも訳しうる言葉であるが、天界を一周するというのはあくまでも比喩的な表現であって、後出の輪廻転生の周期とは異なっている。[6] 問題となるのは、真実在を「見そこない」（μὴ ἴδῃ）の意味であるが、後の箇所で、「真実在を一度も観なかった者はこの姿（人間の姿）に生まれることはない」（249B）と言われているから、まったく見ていないと考えることはできない。したがって、真実在を見た時もあるが、観照に失敗する時もある（常には見ていない）ということになるだろう。そこで、ここの記述を整理してみよう。

（原則）真実在を見た魂は、次の周遊まで損なわれることがない

(1) 真実在を常に見ている魂は、どの周遊においても無傷である（＝人間に転生しない）

(2) 真実在を見そこなったことのある魂は、翼を失い、地上に落ちて肉体と結合する（＝人間に転生する）

（6）Hackforth は輪廻転生の千年の意味に解しているが、これは明らかに誤りである。Hackforth (1972) pp. 82-82. 藤澤（一九八七）研究用註（248C3）参照。

人が「生まれる」というのは、プラトンによれば(2)の場合である。最初の周遊においては、すべての魂が一度は真実在を見ている。したがって、地上に落ちた魂は第一の生では人間に転生する。そして、(2)の場合にも真実在を見た「頻度」によって、何に転生するかが決まる。これには順位がつけられる。

(1) 最も多く真実在を見た魂は、知を愛する者（哲学者）、美を愛する者、ムーサの徒、エロースの徒
(2) 法を守り、戦いと支配に秀でた王
(3) 政治家、家政をととのえる者、金儲けをする者
(4) 労苦をいとわぬ体育選手、だれかを癒す医者
(5) 予言や秘儀に関わる生
(6) 詩人などなんらかの模倣に関わる生
(7) 職人や農夫の生
(8) ソフィストや民衆扇動家の生
(9) 僭主（独裁者）の生

6 輪廻転生

ここで古代ギリシアにおける輪廻転生の思想について述べておこう。この思想はわが国では仏教を通じて知られているが、仏教固有の思想ではない。サンスクリット語ではサンサーラ（Saṃsāra）と言う。古代インドの宗教においても輪廻はその背景にある思想であるが、後期ヴェーダの文献あたりから登場するようであり、その起源はよくわかっていない。同様のことは、古代ギリシアについても言える。英語では reincarnation であるが、古代ギリシア語ではメテンプシューコーシス（μετεμψύχωσις）、すなわち「魂の生まれ変わり」、あるいはパリンゲネシアー（παλιγγενεσία）、すなわち「再生」といった言葉を用いる。文献の中では、プラトン以前にもエンペドクレスの詩『カタルモイ（浄め）』にこの考えが登場している。プルタルコスがその断片を引用しているのを見てみよう。

> 魂たちは再生（パリンゲネシアー）において共通の肉体を用いて、今は理性的であったものが非理性的なものになり、今は粗野なものも再びおとなしいものになって、自然は「肉という見知らぬ肌着を着せて」（エンペドクレス「断片」126 DK）万物の住みかを変えさせるのである。（プルタルコス『肉について』998C）

エンペドクレスは同詩において落ちたダイモーンたちの転生を語っていると考えられているが、この輪廻転生という思想が最初にみられるのがピュタゴラスである。彼は自分の前世を記憶していたと言われる。ポントス（黒海）のヘラクレイア出身のヘラクレイデス（前390頃〜310）というアカデメイア派の哲学者が著した『哲学者の系譜』――現存しないが、ディオゲネス・ラエルティオスが用いた史料の一つである――が出所のようだが、それによるとピュタゴラスは最初アイタリデスという名前で、ヘルメス神の息子として生まれ、神から不死になること以外ならなんでも望みをかなえてやろうと言われた。そこで、彼は生きている間も死んでいる間もすべてのことを記憶しているようにしてほしいと頼んだ。そのために死んでからも記憶を保持し続け、エウポルボスという人の中に生まれ変わった。トロイア戦争のおりで、メネラオスに殺されるのだが、次にヘルモティモスに生まれ変わり、さらにデロス島の漁師のピュロスに生まれ変わって、その次にピュタゴラスになったという。この話はディオゲネス・ラエルティオス（『ギリシア哲学者列伝』8, 4-5）が詳しく伝えているが、ほかにも新プラトン主義者のポルピュリオスも、転生の順序は多少異なるが、同様の話を伝えている（『ピュタゴラス伝』45）。

ピュタゴラスが輪廻転生説と関係が深いことは、クセノパネスの次の断片からも明らかである。

クセノパネスは彼（ピュタゴラス）について、次のような話を伝えている。
ある時、彼は仔犬が打たれているところに通りかかり、
これをかわいそうに思って、こう言ったという。
「やめろ、打たないで。これは私の親友の魂だ。

鳴き声を聞いて、わかったのだ」。

（ディオゲネス・ラエルティオス『ギリシア哲学者列伝』8,36＝クセノパネス「断片」7DK）

この話がピュタゴラスの輪廻転生説を揶揄して語られていることは明らかである。ピュタゴラスその人については、いわゆるピュタゴラスの定理（三平方の定理）など数学部門での功績（当時の数学は音楽理論や天文学説を含んでいた）で知られる一方で、秘密結社的な性格の強いピュタゴラス教団を主宰する宗教家の面も強く、両者がどのような関係にあるのかについて研究者を悩ませてきた。簡単に言えば、ピュタゴラスのシャーマン的な性格と数学理論がどのように両立していたのかであるが、近年では後者は教団の比較的後期の者たちによって深化されたとみる見方が強くなっている。[7] いずれにせよ、ピュタゴラスからエンペドクレスへ、さらにプラトンへと継承される輪廻転生説が、ある時期にギリシア本土に到来したと考えられる。ホメロスでは魂（プシューケー）は実体のある存在ではなかった。この点は『イリアス』の冒頭部で明瞭に示されている。黄泉の国（ハデス）に赴く死者の魂は確かに存在するが、実体性はなく、当人[8]は野鳥や野犬に食われてしまうのである（『イリアス』1,3-4）。[9] 一方、プ

（7）詳細については、Burkert（1971）参照。

（8）『オデュッセイア』（11,476）では死者は「幻（エイドーロン）」と呼ばれている。

ラトンの場合には、魂は明らかに実体性を有しており、認識の中枢をなし、死後も輪廻転生の主体となっている。これにはピュタゴラス派の影響が大きいと考えられる。

ピュタゴラスがどのような経緯でこの見解をもつに至ったのかについては、明確なことはわからない。この新しい魂観は従来にはなかったと言ってよく、ローデが「ギリシア人の血管の中に入った一滴のよそ者の血[10]」と呼んだことはよく知られている。こうしたローデの見方には批判的な人もいるが、いずれにせよこの新しい血の出所に関しては、現在のところ明確なことを言うことができない。

話をプラトンに戻すと、プラトンはこの輪廻転生説を彼の持説であるイデア論と結びつけたわけである。先に挙げた九つの生を決まった原則によって説明することは困難である。古典学者のフルティジェが、(1)、(2)、(3)〜(9)がそれぞれ知を愛する生きかた（φιλόσοφος）、名誉を愛する生きかた（φιλότιμος）、金儲けを愛する生きかた（φιλοχρήματος）に対応し、さらに(1)、(2)、(3)、(8)、(9)がそれぞれ『国家』第八巻における貴族制（ἀριστοκρατία）、名誉支配制（τιμοκρατία）、寡頭制（ὀλιγαρχία）、民主制（δημοκρατία）、僭主（独裁）制（τυραννίς）に対応するとみているが[11]、部分的な対応関係がみられるに過ぎない。例えば、金儲けを愛するのは複数の生きかたに対応するであろうが、少なくともテキストが示しているのは(3)の場合に限られている。

むしろ、右の転生の順位表をみて意外だと驚くのは詩人の順位が低いことである。詩作において優れた詩人の狂気は、三番目の狂気だと言われていたからである。一番目の「ムーサの徒（μουσικοῦ τινος）」

は、「知を愛する者（哲学者）」などと同一人を指すと考えられるので詩人を意味するわけではない。詩人の位置が低いのは、同じ頃に書かれたと思われる『国家』において、模倣芸術を仕事とする詩人は理想国家から追放されているから、それが理由と考えられる。第五位にある「予言や秘儀に関わる生」も順位が高いとは言えない。予言的狂気、秘儀の狂気の重要性を認めながらも、それに携わる人たちの生は必ずしも高いとは言えないのである。

7 転生とイデア

地上に落ちて、人間として転生した魂たちは、いずれは十二神の待つ神々のところに帰らねばならないが、そのためには失った翼を取り戻す必要がある。この翼の再生には二つのケースが考えられるという。

（9）訳文は67頁に掲げてある。
（10）Rohde (1895) S. 27. これに対する批判として、Edmonds (2013) p.62 f. がある。
（11）Frutiger (1930) p. 257 n.1（藤澤（一九八七）研究用註（248D3）参照）。

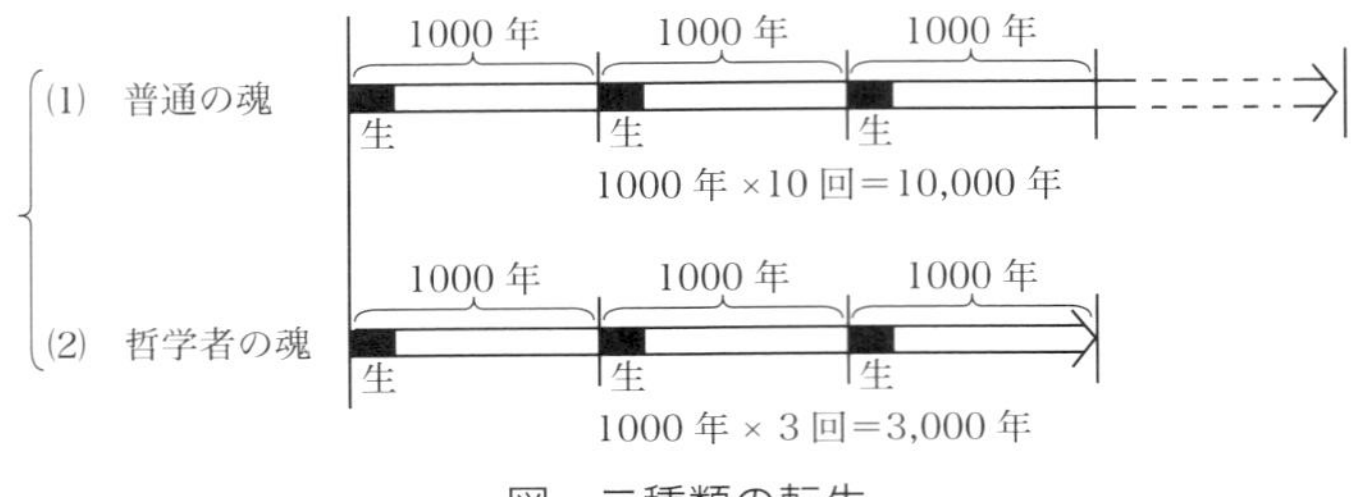

図　二種類の転生

(1) 通常の魂が再び翼を生やすには一万年かかる。

(2) 真摯に知を愛し、知への愛（哲学）とともに恋する者は例外的に、千年の周期の三回目に、もしそのような生を三回連続して送ったならば、それによって翼を生じて、三千年目に立ち去っていく。

(248E–249A)

この魂の転生の期間については、『国家』（615A–B）のエルの物語でも語られているが、若干の食い違いがある。『国家』では魂が生を終えて、次の生までの賞罰期間が千年になっている。つまり、生の期間と千年の賞罰期間は別なのであるが、『パイドロス』ではその両方を合わせて千年と言っているようである。そうでないと計算が合わない。『パイドロス』における転生期間を考えてみると、一回目の生が始まり、それを終えて、賞罰期間も経過して、次の生までが千年、そしてこれを十回繰り返して一万年になり、そこでようやく翼が生える。しかし、哲学者の魂はこれとは別で、真摯に哲学的人生を送れば三回目で翼が生える。これを示すと上の図のようになる。

ただし、この転生の過程は一本道ではなく、途中でさまざまな生を選ぶことになる。この生の選択の手順は、『国家』第一〇巻の兵士エルの物語で詳しく述べられている（617E以下）。いずれにせよ、正しく生きることによって翼を得る魂もいるが、獣の生に落ちてしまう魂もいるわけである。

(3)　そのほかの魂は最初の生を終えると、裁きにかけられ、あるものは地下にある牢獄へ行って罰を受けるが、またあるものは正義の女神ディケによって天のある場所に運び上げられ、そこでふさわしい生活を送る。第二の生以降は、人間であった魂が獣の生を受けることもあれば、獣の生から人間の生に戻ることもある。（249A–B）

「ある牢獄」とは神話上のタルタロスのことであろうが、「天のある場所」がどこかはわからない。ギリシア世界の天国にあたるエーリュシオンの野（前出）あるいは幸福者の島々（マカローン・ネーソイ）が考えられるが、翼がまだ生えていない魂が行くところなので、これと魂を導く十二神がいた場所（248E）とは区別されるであろう。いずれにせよ、プラトンは曖昧な表現を用いているので、それ以上の詮索は無用であろう。

8 イデアの想起

けれども、輪廻転生の中にあって真実在の認識はどのようにしてなされるのか。続く段落において、プラトンはこれを想起（アナムネーシス）というかたちで説明している。

(1) いまだかつて真実在を見たことのない魂は、けっして人間のこの姿になることはないであろう。なぜなら、人間は雑多な感覚から出発して、理知のはたらきによって一つに統合されるものへと進むことによって、実相（エイドス）に則して語られるものを理解せねばならないからである。[12]

(2) このことこそ、かつてわれわれの魂が神と歩みをともにして、現在「ある」と主張している事物を無視して、真の意味において「ある」ものの方へ頭をもち上げたときに目にしたものを想起することにほかならないのである。(249B–C)

プラトンのいわゆる想起説は、初期作品の『メノン』にもみられる。

魂は不死であり、何度も生まれたものであり、この世のものであれ、ハデス（黄泉の国）のものであれ、あらゆる事物を見てしまっているものであるから、魂が学んでいないようなものはなにもないのだ。

……魂はあらゆるものを学んでしまっているのであるから、勇気を出して、探求に倦むことがなければ、ただ一つのものを思い出すことによって――これを人間たちは「学ぶ」と呼んでいるのだが――、ほかのすべてのものを発見するということを、妨げるものはなにもないことになる。というのも、探求するというのは、実は、全体として、想起することにほかならないからである。（『メノン』81D）

ソクラテスは、召使いの子供を相手とする問答で、学びとは想起にほかならないことの証明を試みる。これはある種の思考実験であるが、一辺を二プース（約六〇センチメートル）とする四平方プースの図を描いて、これの二倍の面積をもつ正方形の一辺は何プースであるかと問いかけることから始める。この議論は三段階になっている。子供は一辺の長さを二倍にして、四プースだと答える。しかし、これだと正方形の面積は一六平方プースになり、二倍ではなく四倍になっている。それで、次に子供は四プースより短く、二プースよりも長い三プースが求められている一辺だと答えるのだが、それだと面積は九平方プースになり、八平方プースよりも大きくなってしまう。ここで子供は行き詰ってしまう。そこで対話相手のソクラテスが、救いの手を出して一六平方プースに含まれる四つの正方形に対

（12）写本の ἰὸν ではなく、ἰὸν τ'（Badham）で読む。写本のままでも不可能ではないが、修正案のほうが次の想起への議論のつながりがスムーズになる。

角線を描いて、この対角線によって囲まれた正方形が、求める二倍の面積の正方形であることに気づかせる（『メノン』82B–85B）[13]。

子供がもった正しい判断（思いなし）は、定着すればやがて知識になる。子供はどうやってその知識を得たのか。

ソクラテス　そうすると、この子はだれも教えてくれなくても、ただ問いかけられさえすれば、自分で自分の中から知識を取り出して知識をもつ者となるのではないか。

メノン　はい。

ソクラテス　そして、この自分で自分自身の中に知識を再び取り出すというのは、想起するということではないのか。

メノン　まったくその通りです。（『メノン』85D）

先の引用（81D）にあるように、子供は魂がこの生に入る前に、それを見て知ったのである。つまり、この生において、学んだというのは、輪廻転生の中で見たものを想起しただけのことである。もっとも、『メノン』の議論では、想起されるのは事柄に関する知識であって、真実在（イデア）であるとは言われていない。想起の対象が真実在だというのは、『パイドン』においてはじめて出てくる。

『パイドン』では、二つの物体を見比べて、長さが等しいと言うときに、数学で言われるような定義通りの等しさが目で確認されるわけではなく、どこか正確でないところがあるが、それにもかかわらず私たちが「等しい」と言うときに、その知識はどこから得られたのか、というようなところから議論が始まっている。

「われわれはどこから『等しさ』の知を得たのだろうか。たった今言ったところからではないのか。木材とか石材とかほかのそういったものが互いに等しいのをみて、それらのものからそれらのものとは異なる『かのもの』を、われわれは思い浮かべたのではないか。それとも、それは異なるものだとは思えないかね。次のように考えてみなさい。等しい石材や木材は、同じものでありながら、ある人には等しく現れ、ほかの人には現れないようなことが、時にはあるんじゃないか」。

「たしかにあります」。

「もろもろの等しさそのもの（数学的な等しさ）が不等であると思われたり、『等』という性質が『不等』と思われたりすることがあるだろうか」。

(13) 子供が本当に正しい答えを得たのかについて疑問はある。ソクラテスの問いは「何プース」かであったが、子供が得た答えは「対角線の長さ」である。両者は同じではない。求めるべきは、8平方プースの面積の正方形の一片の長さであるから、$2\sqrt{2}$プースになる。平方根の存在はもちろんこの時代にはわかっていたが（プラトン『テアイテトス』に出てくる）、子供はこの「通約不可能な」数（無理数）の存在を知らないからである。

「けっしてそんなことはありません、ソクラテス」。

「だとすると、もろもろの等しい事物と等しさそのものとは、同じでないことになる」。(『パイドン』74B–C)

こうした議論から、「われわれが見たり聞いたり、そのほかの感覚を使い始める前に、われわれは『等しさそのもの』(等のイデア)が何であるかの知識を得てしまっているのでなければならない」(75B)という結論が導かれている。

『パイドン』の議論が『メノン』の場合と違うのは、感覚の対象となるものはかのものを思い出させるが、なにか足りないものがあることに気づく点である。例えば、ある人物を写した肖像画をみて、あるいはもっと原物に近い写真などを見て、当の人物を思い浮かべることがあっても、私たちはその肖像画や写真がその人物と同じでないことを知っている。肖像画や写真は、そのものとしては紙の上に載せられた絵の具の集合、あるいは紙に感光材料を塗布したものであるが、その人物を思い起こさせるという点では、実物の似像でしかない。こうした似像は、原物(Fそのもの)に比べて、「あるものよりFであるが、別のものよりFではない」という性格を免れることはできない。とすれば、もろもろの似像とは別に、原物であるものが存在するはずだというのがプラトンのいわゆるイデア論であるが、そうしたものについての認識は、私たちの誕生の以前におこなわれたのでなければならないというのが想起説である。

『パイドロス』では、『メノン』や『パイドン』におけるような論証はおこなわれず、美しい物語（ミュートス）の中に組み込まれている。それとともに『パイドロス』の特色は、魂の自己運動からその不死性を導き出しているところにあると言える。想起説から魂の不死性を導くような議論は、想起そのものが魂の不死を前提とするから循環論に陥る危険を含んでいるが、『パイドロス』の議論はそれを回避していると考えられる。それとともに、魂＝自己運動者という規定は、『ティマイオス』や『法律』で展開される宇宙論への道を開いていると言うこともできる。

『パイドロス』のソクラテスはここまで来て、これが「第四の狂気」であることをはじめて明言する。これについては、次章において述べよう。

第7章 第四の狂気——最も幸福な秘儀

予言的狂気、秘儀的狂気、詩人の狂気という三つの狂気について述べたあと、魂の不死論証、輪廻転生と続くこの議論において、魂に真実の美を希求させるのは狂気にほかならないことが明らかにされる。これが「第四の狂気」である。しかも、この狂気は四つの狂気の中でも最も優れたものだと言われる。

この狂気だが、人が地上の美をみて、真実の美を想起して翼を生やし、翔け上がろうと欲して羽ばたきするが、それができないので、鳥のように上方を見上げ、下方のことをなおざりにするために、気が狂っていると非難される。しかし、実のところは、この狂気こそ、すべての神がかりの状態の中で、この狂気にとり憑かれた者にとっても、これにともにあずかる者にとっても、最も善きものであり、かつ最も善きものに由来するものである。(249D–E)

この世界にある美しいものどもをみて、そこからかつて見た美のイデアを想起する、このことによって魂は翼を再び得ることになる。けれども、想起はどの魂にとっても容易であるわけではなく、かの世界にあるものをわずかな時間だけ見ただけの魂、あるいはこの世における不正行為によってかの世界のことを忘れてしまった魂には困難となる。したがって、真実の美を想起する力がそなわった魂はごく少数である（250A）。

1 ソーマ＝セーマ説

正義や節制やその他の貴重なものについて、この世界ではそれらの似像（エイコーン）が存在するだけで、ぼんやりした器官を通じて見るのがやっとであるが、しかし魂がかつて見た「美」の原像はその時燦然と輝いていた。ゼウスに従いつつ行進したときのわれわれの魂の体験は、あらゆる幸福な秘儀（テレテー）の中でも最も幸福な秘儀であった。

ソクラテスが語る物語でもこの辺りはきわめて高揚感にあふれており、つい文章の正確な意味を見落としそうになるが、ここで挙げられている「正義」を例にとって考えてみると、もろもろの正しい行為について、われわれがもつ「ぼんやりした器官を通じて（δι' ἀμυδρῶν ὀργάνων）」（250B）判断するしかないと言われているが、この「器官」（オルガノン）とはどのような意味なのか。研究者は、「美」

のイデアの似像の場合、美しいものは目に見えるが、「正義」の似像は正しい行為だから目には見えないから、この器官はいわゆる感覚器官ではなく、道徳的な判断能力のことを指しているのだろうと述べている。[1] けれども、この短い文章の中で、その似像が感覚の対象（sensible object）であるか否かは、あまり重要でないように思われる。いずれの原像も、かの世界での行進では目に見えたわけである。ギリシア語がイデアであれエイドスであれ、もとは「見る（イディン）」を原意とする言葉であり、そうした原像は肉体の感覚器官である「目」よりは、むしろ直知の対象となる。そうした原像であっても、肉体をまとった魂にとっては、肉体を通してその似像を「見る」ほかはないのである。続く「秘儀」に関する言葉は、この点で示唆的である。

その秘儀の儀式をおこなっているわれわれ自身は、完全な姿で、後にわれわれを待ち受けている数々の悪を身に受けておらず、完全な姿の、単純で、揺るぎなく、至福に満ちた聖像を、浄らかな光の中で見る秘儀を受け、奥義を受けて浄らかな身となり、今われわれが「肉体（ソーマ）」と呼んでいるもの、いわば牡蠣のように縛りつけられて、持ち回っているものの中に埋葬されることはない（アセーマントイ）。

(250C 強調引用者)

（1）Hackforth (1952) pp.94-95. 藤澤も同様の線で理解している。藤澤（一九八七）研究用註（250B3）参照。

エレウシスの秘儀については先述したが、傍点で示したように、この箇所ではその用語がいくつも用いられている。秘儀の最終段階で参加者は聖像（パスマタ φάσματα）を見せられる。これが奥義の受領である。「奥義を受けて」と訳したギリシア語ではエポプテウオンテス（ἐποπτεύοντες）という現在分詞が用いられている。これはエポプテース（ἐπόπτης）すなわち秘儀の奥義を受けることを許された者になることを意味するが、ギリシア語の語形からわかるように、なにかを見た者のことである（59頁も参照）。ただし、エレウシスの用語はただ借用されているだけのことである。引用の後半の「肉体と呼んでいるもの……に埋葬されることはない」の部分では、エレウシスの秘儀から離れてしまっている。「埋葬されることはない」と訳されたアセーマントイ（ἀσήμαντοι）は、文字通りにはセーマ（σῆμα）すなわち「墓」に埋葬されていないの意味である。ここに現れているのは、「肉体」（ソーマ σῶμα）を「墓」（セーマ σῆμα）とみなす思想である。この思想はプラトンの著作において、ここを含めて何度か出現する。

僕（ソクラテス）はかつて賢者たちの一人からこんな話を聞いたことがある。すなわち、われわれは現在死んでいるのであって、肉体（ソーマ）がわれわれにとっての墓（セーマ）であり、……。（『ゴルギアス』493A）

ある人々の説明では、肉体（ソーマ）は魂の墓（セーマ）なのだ。つまり、魂は現在の生において埋葬されているという意味だ。それからまた、魂は自分が示そうとすることを、肉体でもって示す（セーマイネイン）ので、この意味でも肉体はセーマ（しるし）と呼ばれて正しいのだ、と言われている。けれども、一番本当らしく僕に思えるのは、この（肉体という）名前をつけたのはオルペウスの徒であるということだ。つまり、魂は犯したことのために償いをしているのであり、魂は保管される（ソーゼスタイ）ために牢獄にかたどった囲いとして肉体をもっているわけなのだ。だから、肉体は名前そのものが意味するように、罪を償うまでの魂の保管所（ソーマ）なのである。（『クラテュロス』400C）

これらの箇所は、研究者の間で長く論争されてきた。とくにギリシア語の語源解釈を論じた『クラテュロス』では二つの説が紹介されている。『ゴルギアス』の箇所も参考にして、まとめると次のようになる。

(1)「肉体（ソーマ）は墓（セーマ）である」……賢者たちの一人（του τῶν σοφῶν）、ある人々（τινές）の説

(2)「肉体は魂の囲いとなる牢獄である」……オルペウス教の説

この二つは逆説の接続詞「けれども（μέντοι）」で明確に区別されている。そうすると「ソーマ＝

セーマ説」はオルペウス教とは無関係であることになるだろう。[2] しかし、両説を実質的には同じものとみなす解釈も根強い。[3] それとともに、(2)は一般にはピュタゴラス派の立場だとされている[4]ことにも検討の余地がある。この思想は「オルペウス教・ピュタゴラス派的」と一つにまとめて言及されることが多いが、これは両者を截然と区別できないためである。

(2)で牢獄とされているが、原語はデスモーテーリオン（δεσμωτήριον）である。別の類似の思想を述べた箇所では、プルーラ（φρουρά）が用いられている。この語は通常は「見張り」の意味であるが、しばしば「牢獄」と訳されることがある。

> そのこと（自殺）に関する秘教的な説によれば、われわれ人間はなんらかの牢獄（φρουρά）の中にいて、その牢獄から自分を解放しても逃げ出してもならない。（『パイドン』62B）

> われわれは魂であり、死すべき牢獄（φρουρίῳ）に閉じ込められた不死なる生きものである。（擬プラトン『アクシオコス』366A）

『パイドン』では自殺の禁止との関連で語られ、しかもその直前にピュタゴラス派のピロラオス（前五世紀後半）に言及しているため、この説がピュタゴラス派のものである可能性を高めている。『アクシオコス』はプラトンの擬書であり、原語もプルーリオン（φρούριον）であるが、意味に大きな違いはない。ここは自殺ではなく、死を恐れる老人のために語られている箇所である。キケロはこの語を「見張りの持ち場（praesidio et statione）」（『老年について』73）と訳していて、これをピュタゴラスの教えとしている。キケロの解釈をとれば、牢獄ではなく見張りの意味になるが、いずれにも理解することが可能である。見張りの意味であれば、軍隊において兵士が置かれた持ち場（部署）を想定すればよく、各兵士は見張りのために配置されているが、上官（ここでは神）の許可なしにその場を去ってはならないという意味に理解することができるだろう。

この説をピュタゴラス以外の人に帰する伝承もある。アテナイオスは、ペリパトス派のクレアルコスの『伝記』（現存しない）第二巻において、ピュタゴラス派のエウクシテオスが、

すべての人の魂は、罰のために肉体と現世の生に閉じ込められている。（アテナイオス『食卓の賢人たち』4, 157C）

と述べたと語っている。エウクシテオスという人物は不明で、イアンブリコス「ピュタゴラス派人名

（2）この点を強く主張するのは、Linforth (1941) p. 147; Dodds (1951) pp. 169-170. n.87（日本語訳、二〇九―二一〇頁）。
（3）その代表格が、Guthrie (1950) p.311 n.3. ほかに、レナル・ソレル（二〇〇三）八〇―八一頁。
（4）Dodds (1959) pp. 297f.

録」（『ピュタゴラス的生きかた』267）がパロス人として名前を挙げているデクシテオスのことかもしれない。いずれにしてもほとんど無名の人である。一方、アレクサンドリアのクレメンス（『雑録集』3,17）は、同説をピロラオスのものとして引用している。

昔の神学者や予言者が証言しているように、魂はなんらかの罰として、肉体とつながれており、あたかも墓のように、肉体の中に埋められているのだ。（ピロラオス「断片」14DK）

ここで最も気になるのは、魂が肉体につながれる原因が何であるのかである。アリストテレスの失われた『哲学のすすめ（プロトレプティコス）』の言葉を要約的に引用しているイアンブリコスにも、この罰についての言及がある。

いったいわれわれのうちの誰が、これらの事柄を見てとったうえで、自分が幸福であり至福であると思うであろうか。もしわれわれがみな、秘儀について語る人たちが主張するように、そもそも始めから自然によって罰を受けるために作られているのだとすれば。すなわち、「魂は罰を受けているのであり、ある大きな過誤に対する懲らしめを受けるためにわれわれは生きているのだ」と、はるか昔の人々は神のごとく語っているのである。（イアンブリコス『哲学のすすめ（プロトレプティコス）』43＝アリストテレス「断片」60Rose）

「ある大きな過誤（ハマルテーマ）」と言われているが、その具体的な内容は明らかではない。ここで「罰」の意味を中心に検討してみよう。

2 原罪とは

まず、関連の箇所として、プラトン『メノン』において魂の不死と輪廻転生について述べた詩句がある。ピンダロスからの引用とされ、ドリス方言形で書かれているが、意味を明確にするために平明な日本語に訳してみよう。

古き嘆きへの償いをペルセポナ（ペルセポネ）が
受け入れるならば、その人々の魂を九年目ごとに
彼女は上方の太陽のもとに再び送り返し、
その魂から輝かしい王たちと、
力強き人たちと、知恵において最も偉大な
男たちが育ってきて、後の世には聖なる英雄と
人々から呼ばれる。（『メノン』81B–C）

詩の格調の高さをまったく伝えていないのをお許しいただきたい。ここでは魂の輪廻転生が語られていることは明らかであるが、「古き嘆きへの償い」とはどのような意味なのか。ローデは原語のペントス（πένθος）を「罪（Schuld）」と訳している。[5] けれども、この訳は多くの人々が指摘しているように正確ではない。ペントスは古典ギリシア語では、「嘆き（grief）」の意味であり、しかも目的語を伴う。つまり、「なにか（だれか）に対する嘆き」である。ローデはこの言葉を正しく理解していないが、そこにオルペウス教的な意味を読み取っている点では間違っていないように思われる。この嘆きが誰の、何に対する嘆きであるのかという問題に関しては、後年にローズとリンフォースとの間で議論の応酬がおこなわれたが、[6] 詳細は省く。細かい点は別としても、ピンダロスがディオニュソス＝ザグレウス神話を既知とする人々を相手に、この詩を書いていることに疑問の余地はないと思われる。つまり、ゼウスとペルセポネの子供のザグレウス（ディオニュソス）がティタン族によって殺されるが（本書130頁参照）、嘆きとは息子を殺された母神ペルネポネの、ザグレウスの死（あるいは殺されたザグレウス）に対する嘆きということになるだろう。「九年目」というのは、いわゆる数えの計算で当該の年を数えるから、贖罪期間は八年間になるが、この数字に特別な意味があるとは思われない。

この神話において、問題の罰の実質的な内容と関連するのが「昔のティタン族の本性」である。これにはプラトンが『法律』において言及している。

昔のティタン族の本性と言われるものを真似て、これを示し、再びあの同じ状態に戻り、辛い人生を送って、けっして不幸がやむことがないのだ。（『法律』701C）

この箇所は人間の抑制のない自由について述べているが、「昔のティタン族の本性」という言葉が唐突に出てきて、解釈者を悩ませている。一つの解釈では、オリュンポス神族とティタン族との間の戦争（ティーターノマキアー）において、ティタン族が戦いに敗れ、タルタロス（奈落）に幽閉されるが、その幽閉されたティタン族の性質を指しているという解釈がある。[7] しかし、これだと神話ではタルタロスへの幽閉は一回きりだから、「再び（πάλιν）」の意味が説明できない。むしろ、ディオニュソス＝ザグレウス神話において人間はティタン族から生まれたという伝説に言及したものと考えて、すべての人間はこのティタン的な性質をもっているが、堕落した人間はこの性質に逆戻りしている、とみることができるだろう。[8] プラトンからもう一箇所挙げると、これも『法律』であるが、

（5）Rohde (1890–94) S. 208 Anm. 2.
（6）Rose (1936) pp. 79–96. リンフォースの批判は、Linforth (1941) p.345 f. これに対するローズの応酬は、Rose (1943) pp. 247–250.
（7）England (1921) I p.411.

いいかね、君を駆り立てて、神殿荒らしに向かわせている悪しきものは、人間からのものでも神からのものでもない。むしろ、昔に犯されて浄められないままになっている不正行為から人間に植えつけられた狂気なのだ。それが巡り巡って、呪われたものになっているから、君は全力をあげてこれに警戒せねばならないのだ。(『法律』854B)

ここで「狂気」と訳した原語のオイストロスは、もとは「アブ」の意味で、転じてアブに刺されて陥った狂乱状態を指し、この文脈では悪しき衝動のことである。また、ここは「昔に犯されて、人間によっては浄めることのできない不正行為から植えつけられた狂気」(ドッズ強調引用者)と解することもできる。[9] いずれにせよ、この狂気が「人間からのものでも神からのものでもない」と言われているのが注目される。つまり、この不正行為あるいは悪行(アディケーマ)は、人間がかつて犯したものではなく、まして神由来のものでもない。とすれば、ティタン族のかつての不正行為、すなわち伝説にある幼児ディオニュソスの殺害およびこれを食らったことにあるとみるのが自然であろう。[10]

さらに、先に挙げた『パイドン』における自殺禁止を述べた箇所への古代の注解をみると、初期アカデメイア派のクセノクラテスは、肉体を牢獄(*φρουρά*)とする見方について、これをティタンやディオニュソスと関連させて語ったと言われている。[11] すでにみたように、キケロやその他の著作家はピュタゴラス派と関連させているから、両者の関係は截然と区別しがたいものになっている。プラトンは『クラテュロス』において両者の立場を明確に区別していたが、もともと区別されていたものが、やがて同じような立場のものとみなされるようになったのか、あるいはヘロドトスの指摘にあったように、もともと両者は分かちがたく結びついていたのかはよくわからない。そもそもオルペウス教なるものが、プラトンなどの古典期に、教団として存在していたのか、教義があったのかについては、関連史料のほとんどがヘレニズム時代より後のものであるだけに、明確なことは言えないというのが現状である。

プラトンが「ペルセポネの嘆き」として考えたものを、より後の人たちが想定した原罪、すなわち

（8）Dodds (1951) pp.176-177 n. 132（日本語訳、二一八頁）; Bernabé (2003) p. 36.

（9）Dodds (1951) p. 156, p.177 n.133（日本語訳、一九二、二一八―二一九頁）.

（10）Bernabé (2003) はおおむね本書のような理解をしているが、ディオニュソス＝ザグレウス神話に特定して関連させることに批判的な見解もある。Edmonds (2013) pp.330 f.

（11）ダマスキオス『プラトン「パイドン」注解』(1,2＝クセノクラテス「断片」219 Isnardi Parente)「この牢獄は、ある人々の言うような善きものではなく、ヌメニオスが言うような快楽のことでもなく、パテリオスが言うような制作者（デーミウールゴス）のことでもなく、むしろクセノクラテスが言うように、ティタン的な性質のものであり、ディオニュソスに最もよく当てはまる」（なお、この注解書はかつてオリュンピオドロスのものと考えられていた）。

ティタン族が幼いディオニュソスを食らったという罪と関連させるのが一番わかりやすいけれども、そのこともやはり推測にとどまると言うしかないであろう。

3 恋の遍歴

この狂気が「第四の狂気」と名づけられたあたりで、ずいぶん脱線をしてしまった。『パイドロス』の議論に再び戻ることにしよう。先の二つの節においてわれわれは、(1)肉体（ソーマ）＝墓（セーマ）とする説と、(2)肉体＝魂を囲う牢獄（プルーラ）とする説とが一応区別されながらも、両説を誰に帰するべきかという問題に関しては、明確な解答を得ることは困難であることを見たのであるが、いずれにしても、肉体は魂が真実在を観照するにあたって妨げになると考えられている、と言えるであろう。この点は『パイドロス』においても同様であり、魂が受けるべき秘儀も肉体からの影響を免れることはできない。

さらに、真実在の観照がその対象を正義、節制、その他のもの（徳）とする場合と、美を対象とする場合とでは違っていたことが注目される（『パイドロス』250B）。「〈美〉は燦然と輝いていた」（250B, D）と繰り返される。そのわけは、真実在の似像の場合には、思慮や正義は視覚でとらえられないが、美しいものは視覚によってとらえられるからであろう。[12] われわれがこの世界において目にするものは、真実在の「似像」（ホモイオーマ ὁμοίωμα）でしかないが、その中でも美しい事物は、肉体の器官の中でも最も鋭敏な視覚によってとらえられ、恐ろしいほどの恋心を駆り立てる。

> 思慮は目に見えない。もし思慮が視覚にとらえられるようなそれ自身のなにか明瞭な像を提供したとしたら、恐ろしいほどの恋心をかきたてたことだろう。その他の恋の対象となるもの（正義など）も同様である。しかし実際には、美だけが最も明瞭にその姿を現し、最も恋心をひくという定めを割りあたえられているのだ。（250D–E）

このあたりからのプラトンの筆致は、あたかもみずからが美への恋（エロース）に駆られているかのようになめらかになってくる。そのため、つい素通りしてしまいそうだが、愛する者の魂に生じた狂える恋情と翼の再生について述べた重要な箇所がある。

> 秘儀を受けたのが最近ではなく、堕落してしまった者は、地上のこれと同じ名前で呼ばれるものを見ても、この地からかの地へとすみやかに〈美〉そのものに運ばれることはなく、そのためにそれを見ても畏怖を感じることはなく、快楽に身をまかせ、四つ足の獣のように上に跨（またが）って、子を作ろうとする。傲

(12) もちろん、思慮、正義、節制などの真実在（イデア）が似像をもたないという意味ではない。

慢な気持ちになって、自然本性に反して快楽を追求することを恐れることも、恥と思うこともないのだ。(250E)

この箇所で異性愛が軽蔑的に語られているとみなすのは明らかに間違っている。[13]プラトンにおいて「自然本性に反する」愛は通常同性愛を意味するが(『法律』841D)、ここでは異性愛や同性愛をとくに意識しながら述べられているわけではなく、むしろ美しいものを目にしても、秘儀に参与したのがはるか以前であるために、〈美〉の実相を想起しえない魂のことが語られているのである。

これに対して、秘儀を受けたのが最近で、あの時の光景を多く目にした者は、〈美〉をよく映した神のごとき顔や肉体の姿を見ると、まず身震いし、あの時の畏れの感情の幾分かが彼をとらえ、次にその相手を見て、あたかも神のように崇める。そして、ひどい狂気に陥っていると思われるのを恐れるのでなければ、神像や神に対するようにその子に犠牲を捧げるであろう。(251A)

愛する人を神像に見立てるのは常套的な表現であるが(『カルミデス』154C)、恋の激情を表現した言葉は、擬ロンギノス『崇高について』(10,1)が伝えるサッポーの恋愛詩を思い出させるかもしれない。

わが眼には、かの人は神にもひとしと見ゆるかな、君が向かいに坐したまい、いと近きより、愛らしうもののたまう君がみ声に聴き入りたもうかの人こそは、

はたまた、心魅する君が笑声(わらい)にも。まこと、そはわが胸うちの心臓(こころ)を早鐘のごと打たせ、君を見し刹那
より声は絶えてものも言い得ず、
舌はただむなしく黙して、たちまちに小さき炎(ほむら)わが肌(はだえ)の下を一面に這いめぐり、眼(まなこ)くらみてもの見分け
得ず、耳はまたとどろに鳴り、
冷たき汗四肢にながれて、身はすべて震えわななく、われ草よりもなお蒼ざめいたれば、その姿こそ、
わが眼にも息絶えたるかと見えようものを。……（31, Voigt 沓掛良彦訳）(14)

けれども、表現の類似は別として、プラトンの引用箇所の要点は魂の翼の再生にある。諸家は性的な興奮を描写したような記述に注目するが、むしろこの点を見落としてはならない。

その子を見た後は、悪寒の後の肉体の変化のように、異常な汗と熱が出てくる。目を通して、翼を育む〈美〉の流れを受け取って、熱せられたからである。そして、熱せられると、翼が生えるところが溶かされる。この部分はかねてより固く塞がって芽が出るのを妨げていたのだが、養分が注がれると、翼の軸

(13) 例えば、Hackforth (1952) p.98.
(14) サッポーとの比較は Yunis の指摘による。Yunis (2011) p.152.

が膨らんで、その根元から魂の下側全体に広がっていこうとする。かつては魂の全体が翼をもっていたからである。(251B)

魂が美しい人を目にして、恋に落ちていく経験は『饗宴』のソクラテス演説の中のディオティマの話においても描写されていたが、『パイドロス』では翼の再生に重点が置かれているため、翼が生えだした時の感情は、歯が生えだした時のむずがゆさ、いらだたしさに喩えられる(251C)。快と苦が入り混じる奇妙な経験によって、魂は狂気に陥るが、これは〈美〉を希求するエロースのはたらきにほかならない。ただし、人間たちはこれをエロースのはたらきと呼んでいるが、神々の間では別の名前があたえられているという。

思うに、ホメリダイのある者たちが、秘密の叙事詩の中から、エロースに捧げられた二行の詩を語っているが、そのうちの一行はきわめて突飛なもので、あまり韻律を守っていないのだ。

翼もてるその者を、死すべきもの(人間)はエロースと呼ぶが、
不死なるもの(神々)は、翼を生やす力のゆえにプテロース(翼の生えた神)と呼ぶ。

(252B 強調引用者)

ホメリダイ(ホメロスの末裔)は、もとはキオス島出身のホメロスの子孫を自称する人々の集団を指

したと考えられているが、後にはそうした血縁とは関係なくホメロスの詩を朗誦することを生業とした吟遊詩人（ラプソードス）たちを指した。医療の神アスクレピオスの子孫を自称する医師たちがアスクレピアダイ（アスクレピオスの末裔）と呼ばれたのと同様である。

ここでホメリダイに言及しているが、実際に彼らが作ったというのはありそうなことではなく、ホメロスの定型的な表現を念頭において、プラトン自身が詩作したものと考えるのが自然であろう。詩形はヘクサメトロン（長短々六脚韻）であるが、二行目の pt の音が不規則になっていて（āthana/toide**pt**e/rōtadi/a**pt**ero/phŷtora/nankē）、最初の方が短音扱いになっている。二つ目のように位置によって長い（long by position）と計算すれば、最初のほうも長音になるはずである。

さらに、この詩が「秘密の」（傍点部）という語を伴っていることだが、原語のアポテトス（ἀπόθετος）は元は「所蔵された」の意で、さらに「隠された、秘密の」の意味にもなる。この語はしばしば「非公開の」[15]と訳されたりしているが、新プラトン主義者のヘルメイアス（後四一〇年頃にアレクサンドレイアに生まれる）が『プラトン「パイドロス」注解』において、

「アポテトス」……こう言ったのは、ホメロスの詩のかたちで流通していないためか、あるいはむしろこ

（15）「非公開の」（藤澤、脇條）、'unpublished'（Hackforth その他）。

の言葉が隠された、神的で、口外すべきでないことを示したからである。（196 Moreschini）

と述べているが、おそらく後者の意味であろう。類例はプルタルコス『食卓歓談集』（728F）などにみられる。秘教的とも解しうるから、これをオルペウス教に関連させる説もある。[16] しかし、右の引用の「プテロース」もほかに用例がなく、おそらくプラトンの創作であることを考えあわせると、「秘密の」（秘教的）という言葉も、あたかもそのような説であるかのように見せかけたプラトン独特のジョークではないかと考えられる。

4　さまざまな恋愛

かの世界において神々の行進についていった魂たちは、どの神につき従うかによって、その性格を変える。最も優れているのは最高神ゼウスに従った魂たちである。彼らは恋愛の相手が同様の性格をもつことを欲する。

ゼウスに従う者たちは、彼らによって愛される人が魂においてどこか高貴な（ディーオン）性格をもつことを求める。そこで、彼らは恋の相手が生まれつき知を愛し、導き手となるにふさわしいかどうかを調べ、これにあたる人をみつけると、その人を愛し、あらゆる手段を尽くして相手がそのような者になる

ようにする。そこで、もし自分たちが以前にその営み（愛知、すなわち哲学）に乗り出したことがなければ、
今やそれを手がけて、可能なかぎりあらゆるところから学んで、自分でも探究をおこなう。（252E）

「高貴な」と訳した原語ディーオン（δῖον）は「ゼウスの」（Διός）の意味にもなりうる。さらに、プラトンは愛弟子ディオン（Δίων）の名を思い出しながら、書いているとも推測されている。前三八八〜三八七年頃、四〇歳ほどのプラトンは各地を遍歴し、シケリア島のディオニュシオス（一世）の宮廷にも赴くが、当地でディオンという青年と知り合う。その優れた才能を見抜き、帰国後も友好関係は続き、その後プラトンは学園アカデメイアを創設し、作品『パイドロス』は帰国後の作品と目されているから、ディオンが念頭にあったとするのはあながち不自然ではない。これについては諸家の解釈は分かれているが、推測の域を出ないと言うべきであろう。

より重要なのは、魂たちがかつて天上を行進したさいの導き手であった「神に目を向けることを強く強いられている」（253A）と言われていることである。ゼウスに従った魂たちはゼウスに目を向けることになる。美しいものを見て異常なほどの感動を覚えるのは、それによって真実在の〈美〉を想起するからであるが、同時にそのことは、自分が従っていた神を思い出し、その神の自然本性に自分を

（16）de Vries が紹介している Lobeck の解釈など（de Vries (1969) p.159）。

近づけることでもある。[17] そして、指導者がゼウスの場合には、その営みは知を愛すること、すなわち哲学になる。しかし、すべての魂がゼウスに従っていたわけではなく、戦いの神アレスに従っていた魂たちは、恋人からひどい仕打ちを受けたと思ったら、わが身もろともに相手を殺すことも辞さないし、ヘラ（ゼウスの妃）に従っていた魂たちは、恋人が王の性格をもつことを望み、さらにはオリュンポス十二神のうちアポロンその他の神々に従っていた魂たちはその神に似た性格を求めることになるわけである。プラトンによれば、恋愛とは、人が恋人の中に自分がかつて従った神を見出すことにほかならないのである。

5 魂の格闘

ここで再び、御者と二頭の馬の比喩に戻る（253D）。恋愛における魂の格闘を説明するためであるが、『饗宴』のディオティマの話においては一つの美しい肉体から複数の肉体へ、さらに精神的な美へと一気に上昇していくのに対して、『パイドロス』では恋愛はあくまでも恋する者と恋される相手との相互的な関係となる。恋人にかつて見た〈美〉に似たものを見出すためである。けれども、馬は二頭いて、悪しき馬と善き馬がいたが、魂は悪しき馬を制御するために格闘せねばならない。悪しき馬は相手との性的な交わりだけを求めて、御者と善き馬とを引っ張っていく。御者と善き馬はこれに抵抗するが、しまいには譲歩し、引かれるがまま前に向かって進んでいく。その時、相手の顔に映し出された美しさから、御者には〈美〉の記憶がよみがえる。

御者がそれを目にすると、美の自然本性に対する記憶が呼び起され、〈美〉が〈節制〉とともに、清らかな台座に立っているのを再び目にする。(254B 強調引用者)

〈節制〉はすでに前の箇所(250B)でも言及されていたが、悪しき馬を統御するためには節制は欠かせない。それとともに、「再び目にする」と言われていることに注目したい。これは魂たちがかつて神々とともに行進したさいに目にした真実在の光景を再び見るということ、つまり想起するからにほかならない。

二人の関係は、神ゼウスと美少年ガニュメデスの関係に譬えられる。ガニュメデスはトロイアの伝説上の祖トロスの子で、その美しさがゼウスの目にとまり、鷲によって(あるいは鷲に姿を変えたゼウスによって)天界に連れ去られ、ゼウスの給仕係にされる(星座ではゼウスがわし座で、ガニュメデスはみずがめ座になっている)。その時、美しい人から、恋情(ヒーメロス)と呼ばれる〈美〉の流れが、恋する者に流

(17) 藤澤(一九八七)研究用註(253A2)参照。

れていく（251C, 255C）。美の流れが再び美しい人のもとに戻り、目を通って中に入っていく。そして、この流れが魂にまで行き着くと、その者の心をかき立てて、その流れが翼の出口をうるおし、翼を生やそうとする衝動にかられるのである。

この状態は眼病にも譬えられる。眼病をわずらっても、どうしてそうなったのか（感染の源）を言うことができないでいるからである。

> ちょうど鏡の中の自分の姿を見るように、恋する人の中に映った自分自身を見ていることに気づかない。恋する人がそばにいると、その人と同じように苦しみはやみ、その人が離れてしまうと、またもや同じように相手を求め、また求められる。その子がもっているのは、恋の**鏡像**、**答えの恋**なのだ。（255D–E 強調引用者）

恋する者と相手とは、無意識のナルシシズムのような関係に置かれる。ちょうど鏡に自分の姿を映すように、相手の中に自分の姿を見出すわけである。右に（恋の）鏡像と訳したギリシア語はエイドーロン（εἴδωλον）であるが、似像のような意味ではなく、鏡に映し出された像のことを言っている。さらに、アンテロース（ἀντέρως）とも言い換えられる。「答えの恋」と訳したが、文字通り恋（エロース）に対する（アンティ）恋のことで、欧文では counterlove とか Gegenliebe とか訳される。要は、相手に対して抱く恋の情念が鏡面に反射されて、自分の方に映し出されているのである。[18]『饗宴』における恋の階梯が、恋に憑かれた者の単独の上昇であるのに対して、『パイドロス』の恋の階梯は、恋する者とその相手との相補的な関係の中でおこなわれる上昇である。もちろん、真実在への上昇が正しく進んでいくためには、導き手となる神の存在が不可欠となる。

6 恋の成就

このようにして、恋する者とその相手の二人は結ばれる。恋が成就されるが、重点は二人の結合よりは、二人が互いとの交際のなかでどのような生をまっとうするかに置かれている。恋の相手が受け入れてくれたとき、恋する者の放埒な馬（左側の悪い馬）が「少しばかり楽しみを味わうのが当然だ」と唆す。その時に恋を受け入れる者の心に葛藤が生じる。心の中の放縦な馬は欲望に膨れ上がり、相手を受け入れようとするが、もう一方の馬（右側の善い馬）は御者とともに恥を知る心（アイドース）と理（ロゴス）でもってこれに抵抗する。ここで恋の行方が分かれる。

(1) 一方で、精神のより善き部分が、秩序ある生きかたすなわち愛知（哲学）へ導くことによって勝利を

（18）脇條訳（二〇一八）の「恋反射」は文字通りの訳ではないが、意味を的確にとらえている。

得た場合、彼らがこの世で送る生は幸福で調和に満ちたものとなる。自分を制御して、悪徳が生じる原因となるものを隷属させ、徳が生じる原因となるものを解放する。そして、彼らが死ぬと魂に翼が生じ、身が軽やかになって、本当の意味でのオリュンピア祭のレスリング競技において、三番勝負の一つを勝ち取ったことになる。（256A–B）

「精神（ディアノイア）のより善き部分」とは誰の精神なのか。直前では、恋を受け入れる者（恋の相手）の心の葛藤が語られているから、その者の精神とも読み取れるが、これに続く⑵では恋人たちの心のありかたについて言われているから、ここでも二人の精神のことだと考えたい。ここで古代オリンピックのレスリング競技に言及しているが、競技では相手を三度投げることによってはじめて勝利者となる。このことは、先の箇所において（249A）哲学的生を続けて三度生きた魂は、三千年目にして天上の神々のところに戻ると言われていたこととも関連するかもしれない。また、右でことさら「本当の意味で」と言われているのは、オリュンピア祭の守護神はゼウス（ゼウス・オリュンピオス）であったことによるのであろう。ゼウスによって導かれる生を正しく生きた者が勝利者となるからである。

⑵　彼らの生きかたがもっと世俗的で、知よりも名誉を愛するものであった場合には、……二人の魂は放埓な馬（左側の悪い馬）にとらえられ、多くの人々が幸福と呼んでいる行為を目指して愛欲を達成する。

ひとたびそうしたからには、このような行為が繰り返されるが、魂が全面的にこれをよしとするわけではないので、それは数少ない機会でしかない。それでも二人は互いに親しいまま人生を送る。彼らが死ぬと、翼は生えていないが、翼を生やす衝動をもったまま肉体を離れていく。(256B–C)

以上がエロースのはたらきである。馬をどの程度制御するかによって、愛知(哲学)に目覚める者と、そうでない者がいるが、いずれにしてもエロースによって魂に翼を生やそうとする衝動をもつことになる。しかし、もちろんそれが魂のすべてではない。右の二つのケースは、互いに恋愛関係にある(エロースに憑かれた)者たちの場合である。これらとは別に、恋にとらわれていない者との交わりがある。

(3) 恋していない者から始められた親しい関係は、死すべき節制と混じり合って、死すべきもの、けちくさいものを施すだけで、恋人の魂の中に、多くの人々によって徳と称えられている不自由さを産みつけるだけである。このような魂は知性なき状態で、九千年の間大地の周囲と大地の下をさまよい続けることになる。(256E–257A)

「死すべき節制」とはこの世だけの節制のことで、後天的な分別心を言う。この分別心はこの世において「定められている慣習」(231E)に従うことを勧める。同じ言葉は最初に語られたリュシアスの演説にも登場するが、そこではこのような慣習に対する顧慮が大きくはたらいていた。この世において培われた健全な常識に基づくものであるが、ソクラテスがこの演説の中で語っている恋愛における真の上昇は、そのような分別心を突き破ったところでおこなわれる。この恋が「狂気」と呼ばれるゆえんもそこにある。

ところで、右の箇所で、知性を欠いた魂が九千年の間、大地の周囲と大地の下をさまようと言われるのは、どのような意味なのか。この点についても確認しておきたい。

まず、年数の意味について考えると、何人かの研究者は人の一生を百年としその後の賞罰期間を九百年として、この期間は地上に上がることはないから、九百年の十倍で九千年と計算している。[19] この解釈の弱点は、人の一生をおよそ百年とするのは、『パイドロス』においてではなく、『国家』(615B)のエルのミュートスにおいてであることである。両者は輪廻転生を語るよく似たコンテキストであるが、先に指摘したように(本書142頁)、輪廻転生の期間の計算は違っている。もう一つ考えられるのは、古代の注釈(古注と呼ばれるもの)の解釈である。先にも紹介したヘルメイアスは『プラトン「パイドロス」注解』の中で、

「九千年」と言われるのは、最初の生において知性的世界からこの世界に至る周期には、なんらかの災悪も含まれていないからである。(215 Moreschini)

と述べている。魂は最初の生においては必ず人間として転生するが（248D）、魂が翼を失ってからそれが再生するまでは一万年かかると言われていた（本書142頁参照）。右の解釈では、この一万年から最初の千年（知性的世界からこの世界に至る周期）を引き算した年数が九千年だということになる。いずれの解釈を採るとしても、人間として再生した最初の生において、魂は翼が再生するための努力をせねばならないが、最も劣った魂はその努力を怠った者のことを言っていることは間違いない。この生において翼の再生の努力をしなかった魂は、残る九千年を無知の状態で放置されることになる。そのような魂がさまよう場所を「大地のまわりと大地の下」だと言っているが、これは物語（ミュートス）の中で語られていることであるから、これを特定することには大きな意味はないであろう。[20]

かくして、ソクラテスの「取り消しの歌（パリノーディア）」が終結するが、四つ述べられた狂気のうちで、第四の狂気が最も重要であることは明らかである。この狂気はこの世の法・習慣を守らねばな

（19） Hackforth (1952) p.110 n.1; 藤澤（一九八七）研究用註（257A1）ほか参照。

（20） Hackforth や藤澤は、「大地のまわり」を天上のある場所（249A）とみているが、これだと先の⑵のケースとの違いがないことになる。Hackforth (1952) p. 110 n.1, 藤澤（一九八七）研究用註（257A1）。これに対する批判として Rowe (1986) p.191がある。

らないという（死すべき）節制を打ち破り、天上の真実在の観照を再び試みるべく、魂の上昇を試みる。それに欠かせないのは、翼の再生である。知を愛し求める（哲学する）魂は、三度の生と賞罰期間（すなわち三千年）を経て、再び翼を得て、天上へと上昇する。それでは、残りの魂はどうか。翼の再生には一万年を要すると言われていたが、一万年経てばどの魂も翼を得るとは言われていない。大地の周辺部か地下をさまよい続ける魂もいるのである。

プラトンはこの輪廻転生説を何度か語っているが、互いに整合的に語られているわけではない。『国家』におけるエルの物語では、輪廻転生に至る過程と、次の世における魂の生の選びに重点が置かれ、『ティマイオス』末尾の同様の物語では、人間の生理的構造への関心から、女性への転生が、さらに人間以外の生きものへの転生に関心が向けられている。物語（ミュートス）の細部に一貫性や整合性を求めることは無意味であろう。『パイドロス』の物語において重要な意味をもっているのは「翼」の存在と再生である。この翼のイメージは、プラトンが生きた古典時代には、エロースが有翼の青年として描かれたことも関係している。神話伝説では翼をもつのはエロースであり、『パイドロス』の物語では魂なのであるが、両者は物語の中で重なり合っている。『饗宴』においては、エロースは神ではなく人間と神との「中間者」として、知を欠いているが、同時に知を希求する存在とされ、哲学する者という位置づけをされたが、『パイドロス』では失った翼の再生を願う。その心情が魂に芽生えるのは、エロースのはたらきにほかならないのである[21]。

(21) 翼のイメージがもつ意味については、脇條(二〇一八)補註J(一四八—一五〇頁)が参考になる。

終章　プラトニック・ラブとは何か

1　二つの恋の行程

「恋は盲目」（チョーサー『カンタベリー物語』「貿易商人の話」）と言われる。古代ギリシアの時代から、恋（エロース）の抗しがたい力を説いた言葉は枚挙にいとまがない。プラトンは『ピレボス』（50C-D）においてエロースを快と苦の混合されたものの一つに数えているが、恋の苦しみが助長されれば狂気にもなるだろう。エウリピデスの『メデイア』や『ヒッポリュトス』など、恋が原因の狂気を描いた作品も数限りなくある。しかし、プラトンは狂気には神によってもたらされるものがあり、「私たちに生じる善きもののうちでも最大のものは、狂気を通じて生じる」（前出、『パイドロス』244A）とまで言っていた。

『饗宴』におけるエロース讃美においては、エロースは神々のうちでも最も強力な神として謳われていたが、ディオティマの演説では、一転してエロースは神ではなく、不死なる神と死すべき人間との「中間者」という位置づけをされ、神のように知をもってはいないが、無知を自覚して、知を愛求する（哲学する）ものであるとともに、エロースにかられたものについて、死すべきものでありながら、神の不死を願い、精神的にも肉体的にも身ごもることを求めるものとして描かれていた。すなわち、エロースは善美なるものを自分のものにしようと願う欲求として定義され（『饗宴』206A）、死すべきものが永遠にあずかりうる唯一の手段は、死にゆく自分の代わりに自分に似た子を後に残すことであると言われ、さらに人が死んでもその名が死後に残ることを願うのも、同様の欲求によるものだとされた。

『饗宴』の恋愛の行程における最終段階として語られた恋の「奥義」では、最初一人の肉体にひかれた者が、正しい導きによってすべての肉体の美しさにひかれていき、さらに個々の人間の肉体の美しさへの執着を離れ、精神的な美しさが肉体の美よりまさることに気づくと、知識などがもつ美に目が開かれていく。そして、「美の大海原に向かい、これを観照することによって、惜しみない知への愛（哲学）の中で美しく壮大な数々の言葉を生んで、ついにはそこにおいて力を得て、成長し、美そのものの唯一の知識に到達する」（210D）。すなわち、恋の道の終局場面として、「忽然として、ある驚嘆すべき本性の美を観照する」（210E）までに至るわけである。

一方、『パイドロス』においてはこの恋愛修行はただ一人の人間によっておこなわれるのではなく、恋する者とその相手との二人の間で達成されていく。そして、恋愛の成就というのは、かつて目にした真実在の〈美〉を想起（アナムネーシス）することにほかならなかった。つまり、『饗宴』において魂が上昇し真実在を見るわけであるが、『パイドロス』ではかつて自分が見た真実在を思い出し、再びこれを観照するというかたちをとるわけである。そのために、『パイドロス』では神々の魂の行進に参加するというミュートス（物語）的な表現を用いらざるをえなかった。プラトンは対話篇においてさまざまなミュートスを語っているが、それは単なる虚構ということではなく、むしろ「真実に最もよく似た虚偽」（『国家』382D）ということであった。この真実が事実の意味だとすると、事実に似ているが、そうではない、まことしやかな嘘ということになるが、プラトンが語るミュートスはそのような意味のものではなく、プラトンが信じてやまない真実を、可能なかぎり言葉で表現した（似せた）虚偽のことである。[1]

『パイドロス』では「取り消しの歌（パリノーディア）」について詳しくみたが、これに先行するリュシアスの話は、先に述べたように、「同じことを二度も三度も語る」（『パイドロス』235A）ような内容の

（1）詳しくは、拙著（二〇〇七）を参照されたい。

ものだとソクラテスに批判されている。話の要点は、「人は自分を恋している者よりも、恋していない者に身をまかせねばならない」(237B)という、いささか逆説的な口説きかたをよしとするところにあった。その理由は、恋に狂った人間よりは、恋していない人間のほうが思慮をもち、物事を正しく判断できるということにあった。

これに対して、ソクラテスが話すが(最初の話)、ソクラテス自身はみずからの無知を標榜しているから、サッポーかアナクレオンか、あるいは散文作家だったかもしれないと言って、他人の話としてこれを語る(この点は、『饗宴』でのソクラテスの話がディオティマのものとされていたのと同じである)。注目すべきは、ソクラテスのこの話では、リュシアスの主張そのものを批判していないことである。ソクラテスの修正点は、リュシアスの話には、そもそも恋(エロース)とは何であるかを示す定義がなく、そのために明瞭さを欠いているということにある。けれども、恋は恋する者を陥れるがために有害である、というリュシアスの主張そのものを批判するものではない。

恋(エロース)は「生まれつきの欲望」と定義される。われわれの心を支配し、導く二つの力があり、(1)恋、すなわち生まれつきの欲望と(2)最善を目指す後天的な判断とがある(本書84頁参照)。これらは後の箇所でそれぞれ「恋と狂気」、「知性と正気」(241A)と言い換えられ、狂気(マニアー)という言葉が、この作品ではじめて登場する。こうしてみるとソクラテスの第一のスピーチは、明瞭さを欠いたリュシアスの話の論点を明確にし、ある意味でこれを補完するものだとも言えるだろう。

ダイモーンの合図の後に、ソクラテスは神エロースに対して不敬をおこなったかもしれないと言い出し、狂気は必ずしも悪いものではなく、人間がおこなうことのうち最も優れたものは、狂気にしたがったものだとして、第一の話の取り消しの歌（パリノーディア）となる第二の話を語った。この話は、神によって人間に贈られた偉大なるわざとして、四つの狂気を紹介していた。もちろん、話の重点は第四の狂気にあるのであるが、最初の三つの狂気に関する話も重要な意味をもっていた。すなわち、⑴予言の術、⑵秘儀の術、⑶詩の技術であるが、予言術はアポロンの管轄であり、秘儀はディオニュソスの導きによっている。アポロンは、デルポイの神殿に掲げられていたとされる「汝自身を知れ（グノーティ・サウトン）」という言葉が示しているように、人間が死すべき（トゥネートス）身であること、神と人間の間には大きな懸隔があることを教える。一方のディオニュソスは、秘儀を通じて神と人間との間にある懸隔を越えて、神人合一へ導く道を伝えるものだと言えるだろう。けれども、これら二つの狂気が、神が人間の心に入り込む神がかり（エントゥーシアスモス）の境地に至ることによってはじめて起きるという点は同じである。第三の詩人の狂気も同様であった。先に述べたように、ホメロスには詩人が神がかりになるという発想はなかったが、後にはエントゥーシアスモス（＝インスピレーション）を得て、詩人は優れた詩を語るという考えが出現する。興味深いのは、プラトンの短篇『イオン』では、ホメロスの詩について語りながら、これが技術によってではなく、神がかりになって（エンテオス）語られたとしていることであろう。

そして、これら三つの狂気、予言、秘儀、詩作を導く狂気よりも、さらに重要な狂気が、愛知（哲学）へいざなう第四の狂気である。この狂気は神々の魂の行進という壮大な物語（ミュートス）の中で語られた。かつて人間の魂は、この神々の魂の行進に随行し、そのなかでイデア（真実在）を目にしていた。なかでも、燦然と輝いていたのは〈美〉のイデアであった。けれども、人間の身でありながら、神々と同じように進むことは困難である。その困難さは、御者と二頭の馬の間の葛藤に譬えられた。この譬えは、『国家』第四巻や第九巻で語られた「魂の三区分説」を下敷きにしていた。「欲望的部分」とこれに負けまいとする「気概の部分」、両者を監督し導く「理知的部分」とを二頭立ての馬車に譬えたものである。そして、この譬えで重要な意味をもっていたのが「翼」の存在である。人間の魂は真実在の観照の道行きにおいて、しばしばこれを見損ない、そのために翼を失って、地上に落ちる。これが人間の輪廻転生であった。

恋（エロース）とはこの世の美を見て、真実の〈美〉の存在に気づかせることとされている。かつて神々の魂の行進の中で見た、真実在を想起して、翼を生じさせ、天に翔け昇ろうとする。鳥のように上方を眺めて、下界のことをなおざりにするために、「狂気」だという非難を受ける（249B）。けれども、こうした非難をものともせず、真実在の探究を目指す。これが知への愛、すなわち哲学にほかならないのである。

2 問題のゆくえ

人間はさまざまな情念をもつ。情念にあたるギリシア語はパトス（πάθος）とかパテーマ（πάθημα）とか呼ばれる。プラトンはこうした情念の例として、快楽と苦痛、大胆さと恐怖、怒り、希望などを挙げ、神々はこれらのものに、理性を欠いた感覚となんにでも手を出したがる恋情（エロース）を混ぜ合わせて、魂の死すべき種族（部分）を創った、と述べている（『ティマイオス』69D）。このようにエロースは、魂の中でも理性と対比される非理性的なものと関係させられるのが普通である。「恋は盲目」と言われるのは、私たちが頭（理性）ではわかっていても、相手を恋い慕う感情に抗（あらが）うことができないからである。このようにエロース（恋）という感情は知性や理性の対極にあると言うことができるだろう。

一方で、『饗宴』におけるディオティマの話では、エロースと哲学（知の愛求）が重ね合わされ、その究極の段階（エポプティカ）は真実在（イデア）の観照であると言われた。『パイドロス』の取り消しの歌（パリノーディア）においても、魂が失った翼の再生を願うのは、エロースや狂気（マニアー）にとり憑かれるからであった。問題は、簡単に言うと、私たちの知性のはたらきやその発育のプロセスが、なぜエロースや狂気と関係しなければならないのかというところにある。

現代の著名な古典学者の一人であるヴラストスは、「ここでエロースは超合理主義者のプラトンによって、マニアー（狂気）として記述されているだけでなく**定義され**、マニアーとして神秘的な祭儀に劣らず、哲学ときわめて密接な関係があるという事実」[2]（強調原著者）に驚きを隠せないと述べている。狂気の一つとして挙げられている哲学は、本来理性的な活動であり、ほかの三つの狂気（一般にこれらは非理性的なものと考えられている）とは本質的に異なるものではないのか。

『パイドロス』をよく読むと、狂気を「精神の正気を失った状態（τὸ … ἄφρον τῆς διανοίας）」（265E）だとして、ちょうど身体に右側と左側があるように、この「精神の錯乱（τὸ τῆς παρανοίας）」（266A）を切り分けて、「左側の（悪い）恋」を非難、罵倒し、「右側の（善い）恋」を、同じ名前であっても「神的な恋」として提示し、これを称賛すると言われている。したがって、哲学的恋愛が神的な恋であり、それが善き恋であったとしても、悪しき恋と同様に、精神の正気を失った状態、錯乱であることには変わりがないことになるだろう。

アメリカの古典学者、政治学者であるヌスバウムは、『パイドロス』にはプラトンの思想の変容がみられると主張している。『パイドン』『饗宴』『国家』においては、理性だけが真実のものへ導くと考えられていたが、『パイドロス』では御者と馬の全体がそれに向かうことになるから、ここでは理性と情念の対立はみられなくなっていると主張する。[3] しかし、この解釈に従うことはできないだろう。『パイドロス』の二頭立ての馬車の比喩は、明らかに『国家』における魂の三区分説（理知的部分、激情的部分、欲望的部分）を下敷きにしているから、両者の間に魂観の相違はない。理性は諸情念と対立し、これらを導きつつ真実在の観照に進む。馬車の比喩は物語の中で語られているだけで、真実在を観照するのは理性だけだと考えるべきである。したがって、『パイドロス』とほかの対話篇との間には齟齬はみられない。

けれども、これだけではなぜ哲学者が狂人と呼ばれるのかが説明できないだろう。右に挙げた箇所の議論をもう少し前のところから（265A 以下）丁寧にたどってみよう。最初の部分は、先で一度引用しているが（89〜90頁）、話の展開を正確にみるためにここで整理しておく。

(1) 狂気には二種類がある。一つは人間的な病気によって生じるもの、もう一つは慣れ親しんだ事柄を神の力ですっかり変えてしまうことによって生じるものである。

(2) 神的な狂気の分類。狂気にはそれぞれに関連する神々が司る四つの部分——予言術（アポロン）、秘儀の術（ディオニュソス）、詩的狂気（ムーサ）、恋の狂気（アプロディテ、エロース）——がある。

(3) 恋の狂気は、このうち最善のものである。これについては、真実も語っただろうし、あらぬほ

（2）Vlastos (1973) p.27 n.80.
（3）Nussbaum (1986) pp. 214-218, 221-222.

うへ迷ったかもしれないが、それでもまったく説得力がないわけでもない話を作り出した。ある種の物語風の讃歌を神エロースに捧げて歌った。（265A–C）

最後の「ある種の物語風の讃歌」が二頭立ての馬車による比喩の物語であることは言うまでもない。ここで「歌った」にあたる原語のプロスパイゾー（προσπαίζω）は、二重目的語をとって「（エロースに対して讃歌を）歌う」の意であると考えられるが、この動詞に含まれるパイグニア（παίγνια）すなわち「遊び」「戯れ」から、「戯れに語る」と解することもあながち不可能ではない。その場合にも、ここで比喩を用いて語られる事柄が真剣に扱われるべきものではない、ということを意味してはいない。これは『ティマイオス』で語られる宇宙創成論が「節度ある、分別を失わぬ戯れ（μέτριον ... παιδιὰν καὶ φρόνιμον）」（59D）と言われていたのと同じで、神と人間との区別をわきまえて、人間の身で正確なことを語るのが困難であるという意味の言葉だと考えるべきであろう。『パイドロス』の物語も、人間にとって可能な範囲で語られるものだからである（246A）。

ここで、『パイドロス』の後半の議論において重要な役目をする分割法が出てくる。すなわち、「物事を、その自然本来の性格に従って、切り分ける」（265E）ところの「分割」（ディアイレシス διαίρεσις）の登場である。

(4) 恋（狂気）（＝精神の正気を失った状態／精神の錯乱）を分割する。

(5) 左側の（悪い）恋……人間的な狂気で排斥すべきもの
　　右側の（善い）恋……神的な狂気で最も善きもの

これとソクラテスの最初の話と比べてみよう。エロースは欲望の一種であることが同意されていた。私たちの心には、(1)生まれつきの快楽への欲望と、(2)最善のことを目指す後天的な判断が支配しており、(2)が勝利すれば「節制」、(1)が勝利すれば「放縦」と呼ばれていた（84頁）。これを馬車の比喩で言えば、(1)の恋（生まれつきの欲望）が「左側の恋」に相当することは明らかであろう。これを抑え込むことによって生まれる「節制」は、後天的な判断（分別心）であり、正気とも呼ばれていた。

ソクラテスの最初の話は、一言でいえば、恋愛における後天的な判断（分別心）の必要を説くものであった。これに対して、「パリノーディア（取り消しの歌）」は先の話の何を否定したのか。このソクラテスの二番目の話が始まるところで、恋は狂気とも言い換えられていた（241A）。そして、人間にとって真に善きものは狂気（ただし神的な狂気）を通して生まれるのだと宣言された。したがって、ソクラテスの二番目の話が否定しているのは、放縦に至らないように恋の暴走を抑えるための分別心が必要であるということではない。むしろ、こうした分別は第二の話でもあいかわらず必要だと考えられている。ただし、それは神に由来しない人間的な狂気を抑える場合だけである。そのために、欲望をコントロールすることによって得られる「節制」は、後では「死すべき節制」（256E）と呼ばれていた。そこには神のはたらきが介在しないからである。先にも挙げたが、もう一度引用してみよう。

恋していない者から始められた親しい関係は、死すべき節制と混じり合って、死すべきもの、けちくさいものを施すだけで、恋人の魂の中に、多くの人々によって徳と称えられている不自由さを産みつけるだけである。（256E–257A 強調引用者）

これに対して挙げられたのが神的な狂気である。ソクラテスの第二の話が否定したのは、恋を含めてすべての狂気を悪しきものとみなす考えである。むしろ、神的な狂気は人間にとって善きものをもたらす。神的な狂気で共通するのは、いずれの狂気も人間が「神がかり」になることで得られることである。エントゥーシアスモス（神がかり）とは神の力が人間の中に入ることによって起きる。そして、このうち最も優れた狂気、すなわち恋は哲学的恋愛とも言うべきもので、真実在の観照を目指す。とすると、狂気と節制との関係は次のようになるだろう。

(1) 人間的な（死すべき）恋（エロース）

(2) 人間的な（死すべき）節制

(3) 神的な恋(エロース)[4]

(1)と(3)はともに狂気であるが、「狂っている」という非難を受けるのはどちらの場合にも変わらないことに注目しよう。愛知に目覚める者は、「鳥のように上方を見上げ、下方のことをなおざりにする」(249D 151頁参照)からである。けれども、彼らは「大衆によって正気を失っていると非難されても、神にとり憑かれているために、大衆のことは気にかけない」(同所)のである。

ところで、神的な狂気には四種類のものがあったが、いずれも「狂っている」という評価は外部からあたえられたものであることがわかる。予言のため神がかりになる巫女も、秘儀に参加する者も、自分が狂気に陥っていることを自覚しているわけではない。バッコスの信女たちは、外からみれば狂っているようでも、自分たちにその意識があるわけではない。詩作において優れた詩を語る詩人たちも、同様に神がかりになる。正気であれば、優れた詩にならないのは、そこに神が介在しないからで

(4) 藤澤(一九八七)「序説」(九七頁)は、死すべき節制に対する(4)「神的な節制」を想定している。ソクラテスは真実在の観照について述べるさいに、〈美〉のイデアとともに〈節制〉のイデアについても言及していたから(250B)、人間的な(死すべき)節制とは別に、神的な節制(魂の完全な調和を目指すもの)を考えていたかもしれないが、これについては明確な言及があるわけではない。

あるが、神にとり憑かれている詩人がみずからそのことを意識しているわけではない。つまり、いずれの場合にも、「狂っている」というのは外からあたえられる評価でしかないのである。

哲学的恋によって真実在へ上昇する者も、世間的にみれば狂人であるが、ほかの三つの狂気と同様に、そのことを自覚しているのではない。その上昇を主導するのは神であり、馬車の比喩で言えば、その神にしたがって、御者は二頭の馬を正しく駆っていく。そして、その人の魂を狂気が支配しているが、これは神に憑かれているということにほかならない。つまり、哲学の探究が狂気と呼ばれても、その活動が非理性的なものだという意味ではない。むしろ、それは本来知性や理性の活動なのであって、先述のヴラストスやヌスバウムが考えたような、別の情念が入り込むことはない。魂は二頭立ての馬車に譬えられたが、この馬車を「駆る」のはあくまでも知性や理性に相当する御者なのである。

3 プラトン的エロースとキリスト教的アガペー

ところで、プラトニック・ラブはよくエゴセントリック(egocentric)だと言われる。しかし、これは誤解を招く言葉である。エロースはたしかに「自己中心的」な愛であるが、この言葉が含意しているような他人を顧みず、利己的(selfish)であるかと言うと、けっしてそうではないからである。エロースをエゴセントリックだとしたのは、冒頭で紹介したニーグレンである。その著『エロースとアガペー』において、エロースは自分にとって有益なものをどこまでも追求し、獲得することを目指す上昇的な愛であり、その意味において、愛する自分が中心であると述べている。本論でも述べたように、エロースを上昇的な愛であるとするのは、けっして間違ってはいない。ニーグレンがこのように述べる意図は、これとキリスト教的な愛であるアガペーと対照させるところにある。そこで、このような主張に対して筆者なりの見解を述べることで、本論を終えることにしよう。

まず、キリスト教では「神は愛である」と言われる。この言葉は福音書のイエス自身のものと言うよりも、初期キリスト教の使徒のヨハネやパウロの手紙のなかにみられる。

> 愛する者たちよ、お互いを愛しあおう。愛（アガペー）は神から出たものであり、愛する者はすべて神から生まれた者であり、神を知る者であるからだ。愛さない者は神を知らない。神は愛であるからだ。（ヨハネ『第一の手紙』4,7）[5]
>
> 神は愛である。愛の内に留まる者は神の内に留まり、神がその者の内に留まる。（同 4,16）
>
> われわれにあたえられている聖霊によって、神の愛がわれわれの心に注がれている。（パウロ『ローマ人へ

（5）既存の訳にはよらず、Nestle, E., *Novum Testamentum Graece*, Lodon, 1898のギリシア語原文から訳出する。

の手紙』5,5）

ニーグレンはキリスト教的な愛を、自己中心的で上昇的な愛であるエロースとは異なり、神からの無私の愛、下降的な愛だとしている。ニーグレンがこのように主張するさいの標的は、古代末期から中世時代にかけてのキリスト教哲学者にある。ローマ（西ローマ）時代のラテン教父の一人であるアウグスティヌス（354～430）は、ギリシア語のアガペーの訳語としてラテン語のカーリタース（caritas）をあてる。より正確に言うと、アウグスティヌスにおいて愛（アモル amor）は、欲望であるクピディタース（cupiditas）と神に至る道を拓くより高次な愛のカーリタースとに二分されるのであるが、ニーグレンによれば、アウグスティヌスはキリスト教の神学を構築するにあたりギリシア哲学を援用したために、もともとアガペーとは相容れないはずのエロース概念をカーリタースという言葉のもとに融合させ、それによって上昇的でも下降的でもある新たな概念を誕生させたという（pp.449 ff. [II S.255 ff.]）[6]。これがニーグレンが言うアウグスティヌスの「カーリタース的総合」（同所）である。つまり、本来下降的であるはずのアガペーに、異質なエロース概念（上昇的な愛）を持ち込んだために、ギリシア思想とキリスト教思想の奇妙な混合物であるカーリタースという概念が生まれた、とニーグレンは主張している。

ニーグレンは、愛の概念の理解の二つの頂点として、アウグスティヌスと宗教改革者であるマルチン・ルター（1483〜1546）を置く。前者はカーリタースという、プラトン的なエロースのモチーフと、キリスト教的なアガペーのモチーフとの混合（汚染）を掲げ、後者はこの混合（汚染）を純化して、キリスト教本来のアガペー概念に引き戻したのだという。

ニーグレンの『エロースとアガペー』は、ローマン・カトリックに対してプロテスタンティズムを称揚するプロパガンダ的な性格をもっている。ルターをコペルニクス的な革命者になぞらえている（p.681 [II S.504]）。ニーグレンの批判は、アウグスティヌスのみならずトマス・アクィナス（1225頃〜74）にまで及んでいる。これに対しては中世哲学の研究者からの反論もあるだろうが（実際に出ている）、ニーグレンの主張についての全体的な評価は本書の主題から外れることになるのでこれ以上論じることはしない。(7)

むしろ、ここでは本書と関連の深いニーグレンのエロース理解を中心に、その是非について述べてみたい。

（6）ニーグレンからの引用は、英語訳とドイツ語訳の頁数を並記する。書誌については巻末の参考文献を参照されたい。

（7）ニーグレンの同書には有益な指摘も数多くみられる。とくに、擬ディオニュシオス・アレオパギテス（『神名論』）やプロクロス（『プラトン神学』）の読解からいくつも学ぶところがあった。

ニーグレンはプラトンのエロースがエゴセントリック（自己中心的）だと言う。しかも、これを「自己愛」とも重ねて考える。自己愛はギリシア語でピラウティアー（φιλαυτία）である。形容詞はピラウトス（φίλαυτος）で、自愛的などと訳されるが、利己的なという意味も含んでいる。エロースが自己中心的だということを、自己から出発するという意味で理解するとすれば、エロースは確かに自己中心的である。しかし、他者の利益を度外視して、自己の利益のみはかるという意味に限って考えれば、これまでプラトンのエロースについて見てきたことからも明らかなように、それは違うと言わねばならないだろう。

ニーグレンの二つの愛の構図を、簡単に言うと、次のようになる。

(1) エロース……自己中心的な（egocentric）愛

(2) アガペー……神中心的な（theocentric）愛

ニーグレンが主張するこの構図を支えるのは、アガペーが自己愛ではないという考えである。これについてはイエスの有名な「戒め」の箇所を参照してみよう。

汝の心をつくし、汝の精神をつくし、汝の思いをつくして、主なる神を愛せよ。（Ἀγαπήσεις κύριον τὸν

θεόν σου ἐν ὅλῃ τῇ καρδίᾳ σου καὶ ἐν ὅλῃ τῇ ψυχῇ σου καὶ ἐν ὅλῃ τῇ διανοίᾳ σου.)（『マタイ伝』22,37）

自分を愛するように汝の隣人を愛せよ。（Ἀγαπήσεις τὸν πλησίον σου ὡς σεαυτόν.）（同 22,39）

二つ目はイエスが隣人愛を説いた箇所であるが、「自分を愛するように」は自己愛であるから、普通に読むかぎりニーグレンの主張に抵触するだろう。一方、ニーグレンはパウロの次の言葉を自説の根拠とする。

（愛は）自分のことを求めない。（οὐ ζητεῖ τὰ ἑαυτῆς.）

（パウロ『コリント人への第一の手紙』13,5）

愛の必要と本質を述べたパウロの言葉であるが、「自分のこと（τὰ ἑαυτῆς）」は曖昧な言葉である。「自分の利益を求めない」が当たらずとも遠からずであろうが、ニーグレンはこの言葉からかなり多くのものを引き出している。けれども、この言葉が「愛の主体が神であり、人間ではない」ということまで含意するかどうかはかなり怪しいであろう。しかも、上記のイエスの言葉と矛盾するようにみえる。

「愛する」という行為において、人間（自己）が主体でないというのは、事柄として考えにくいのであるが、ニーグレンはアガペーをエゴセントリック（egocentric）なものではないと言うために、聖書の言葉を不自然に理解しているようにみえる。

本書のテーマはエロースであるから、アガペーの解釈にはこれ以上立ち入らないことにして、エロースがエゴセントリックなものであるかどうかについて、もう少し考えてみよう。エロースは人間の心に宿り、その人は恋心に駆られて行動するわけであるから、その意味では自己中心的になる。行動の主体はその人自身なのである。けれども、そのような行動を誘発したのは、その人自身ではなく、その人の心に入った神である。神がかりとは、本書で何度も語られたように、神がその人の心に入ることにほかならない。プラトンが語るエロースとは哲学的恋愛にほかならないが、魂の上昇を主導するのは神である。その意味では、エロースは神中心的（theocentric）な愛でもあると言えるだろう。

もともとエロースとアガペーの対比なるものは、福音書にあるイエスの言葉から出たものではなく、ヨハネやパウロの使徒の言葉を根拠に、後の人々が作り上げたものである。本書の冒頭でも述べたように、ギリシア語のエロースとアガペーにそうした対比的な意味が含まれているわけではない。愛をこのように分類するのは便利であるが、うまくいかないところもあると言わねばならないだろう。

＊

本書では『饗宴』と『パイドロス』の読解を通じて、哲学的恋愛すなわちプラトニック・ラブがいかなるものであるかを明らかにするように努めた。『饗宴』は知の欠如と自覚を通じて、恋の遍歴から真実在の認識を目指し、『パイドロス』は二人の相互的な愛を通じて、真実在を想起する魂のありかたを示していた。これがプラトンの教える「恋（エロース）」である。「プラトニック・ラブ（Amor Platonicus）」とは、一般に想像されているような肉体関係を欠いた恋愛ではなかった。むしろ、それは真実在を目指す魂の「飛翔」を誘うものなのである。

補章……ルネサンス・プラトニズム

1 ルネサンス期のフィレンツェ

古代末期から中世にかけての西ヨーロッパにおけるプラトンに関する知識は、かなり限定的なものであった。キケロによる『ティマイオス』の部分訳、さらにカルキディウス（後四世紀）による『ティマイオス』のより長い部分訳や注解、さらには『パルメニデス』の一部などが伝わっていたが、プラトンの著作の全容が知られるには、一五世紀の人文主義を待たねばならなかった。プラトン主義はルネサンス期において復興をとげるが、一四五三年オスマン帝国によって東ローマ帝国の首都コンスタンティノープルが陥落し、多くの学者たちが西ヨーロッパ世界にギリシア語写本を伝えたことがこの運動に拍車をかけた。

もちろんプラトン復興の背後には、経済的な援助を惜しまなかったパトロンたちの存在がある。最もよく知られているのがメディチ家である。古典文献の収集はそれ以前から始まっていて、コルッチョ・サルターティ（1331~1406）の蔵書は六〇〇冊を超えていた。彼は一三九七年頃に、ギリシア人のマヌエル・クリュソロラス（1350頃~1415）を招聘し、フィレンツェでギリシア語を教えさせた。ほかにも、ロベルト・デ・ロッシ（1355~1417）、ニッコロ・ダ・ウッツァーノ（1359~1431）、パッラ・ストロッツィ（1372~1462）らが競って書籍の収集に尽力した。

コジモ・デ・メディチ（1389~1464）は父から受け継いだ銀行業をさらに発展させ、一四二九年に父が亡くなるとメディチ家当主となる。コジモはロベルト・デ・ロッシに古典語を学び、古典文献の収集にも熱心であった。ニッコロ・ニッコリ（1364~1437）が死去したさいに受け継いだ全蔵書八〇〇冊を含め、当時のフィレンツェで最大のコレクションを有していた。コジモはこれらをもとに、一四四四年にサン・マルコ修道院内に図書館を創設している。

ギリシア語写本が多く集まると、これを翻訳する必要が出てくる。一四三八年から一四四五年にかけて開かれたフィレンツェ公会議において、コジモは新プラトン主義の哲学者ゲオルギオス・ゲミストス・プレトン（1360頃~1452）と知り合い、彼の提案によって古代のプラトンの学園アカデメイアに倣って、プラトン・アカデミー（アカデミア・プラトニカ）を構想する。これは学校のような施設ではなく、私的な学術サークルであったが、コジモは侍医の息子のマルシリオ・フィチーノ（1433~99）の優れた才能に気づき、生活費を全面的に援助して、カレッジの別荘を貸しあたえ、ギリシア語・ラテン語の習得に専念させた。後に、コジモはフィチーノにプラトンのギリシア語写本をあたえ、翻訳させている。フィチーノはプラトン・アカデミーの中心的存在になっていくが、ほかにもクリストフォロ・ランディーノ（1424～98）、アンジェロ・ポリツィアーノ（1454～94）、ピーコ・デラ・ミランドーラ（1463～94）などが属しており、ルネサンス人文主義に貢献している。

フィチーノによるプラトンの著作の翻訳は、一四六〇年代末にはその草稿ができていたが、プラトン全集として刊行されたのは一四八四年になってからである。ヨハネス・グーテンベルク（1398頃～1468）が開発した活版印刷技術によって、書籍の生産が始まると、聖書を含むキリスト教関連の書物とともに、西洋古典、すなわちギリシア・ローマの文物の出版がおこなわれた。いわゆるインキュナブラ、すなわち揺籃期の書籍出版は、『グーテンベルク聖書』（一四五五年）を皮切りに一五〇〇年頃までの刊行された出版物を指しているが、その中には西洋古典の刊行物も含まれていた。その後もアルドー・マヌーツィオ（1450頃～1515）によるアルドー印刷所（Aldine Press）の設立によって、ギリシア語活字を用いた出版（いわゆるアルドー版）も活発におこなわれた。

2 フィチーノのプラトン理解

フィチーノの仕事で古代哲学に関連したものを年代別に記すと、『プラトンの教説への手引き（*Institiones ad Platonicam Disciplinam*）』（一四五六年、散逸）、『プラトン全集（翻訳）』（一四六三〜六八年に完成）、『プラトン「ピレボス」注解』（一四六九年）、『プロティノス全集（翻訳）』（一四八四〜九二年）などがある。それとともに、ヘルメス文書の翻訳（一四六三年）、擬ディオニュシオス・アレオパギテス文書の翻訳（一四九二年）などもあり、これらへの関心が彼のプラトン解釈に影を落としている。さらに、未完の『聖パウロ「ローマ信徒への手紙」注解』（一四九九年）があり、プラトン理解とキリスト教信仰とは、彼の中ではなんら矛盾するものではなかったのである。

フィチーノのプラトン翻訳は、平易なラテン語で訳されており、プラトンの原文読解において今日でもなお有用であると言えるが、一方、彼のプラトン理解は擬ディオニュシオス・アレオパギテスや新プラトン主義などの影響も受けており、複雑である。宗教や思想が混淆するシンクレティズムの傾向は、彼のプラトン注解の中にもみられる。ここでは『プラトン「饗宴」注解』（以下、『注解』と略記する）を例にいくつかの特色をみることにしよう。

この注解書の体裁は、今日の注解の形式——原文に登場する言語に関する逐次的な解説——とはおよそ異なっていて、ちょうど『饗宴』がアガトンの悲劇コンクールの優勝を祝うために、友人たちが宴に招かれ、それぞれがエロースに関する演説をおこなったように、『注解』もまたロレンツォ・デ・メディチ（コジモの孫）が別荘カレッジに九人のプラトン派の人士を招き、プラトンの『饗宴』を朗読したあと、会食者全員が各章（すなわち各演説）を分担して、それぞれ解説を加えるという趣向でおこなわれた。九人は文芸を司るムーサ（ミューズ）の女神が九柱いることにちなんでいる。それぞれの担当は、ジョバンニ・カヴァルカンディ（パイドロス）、司教アントーニオ・アリオ（パウサニアス）、医師フィチーノ（マルシリオ・フィチーノとは別人、エリュクシマコス）、詩人クリストーフォロ・ランディーニ（アリストパネス）、カルロ・マルスッピーニ（アガトン）、トマーゾ・ベンチ（ソクラテス）、クリストーフォロ・マルスッピーニ（アルキビアデス）である。マルシリオ・フィチーノも同席しているが、彼はまさにこの『注解』の書き手である。

それぞれが『饗宴』の各演説者の話に関して解説を加えているが、フィチーノのプラトン解釈の特徴がよく現れている箇所を紹介してみよう。プラトンの「第二書簡」を引用した箇所であるが、これを見るとフィチーノがどのようにプラトンを理解したかがよくわかる。

第二書簡についてはプラトンが実際に書いたものかどうかの真偽問題もあり、擬作とする研究者もいるが、真作説も有力である。いずれにせよ、ここでプラトンが謎めいたことを語っており、古来注目されている。手紙の宛先は、シケリア島のシュラクサイの僭主ディオニュシオス二世（前396頃～338以降）であり、この王が尋ねた「第一のものの本性」とはどのようなものかという問題について、プラトンはこれに直接答えることをせず、「謎めいた表現で」（「第二書簡」312D）説明せざるをえない、と断ったうえで述べているものである。

すべてのものはすべてのものを統べる王と関係をもち、すべてのものはこの王のためにあり、この王はあらゆる美しいものの原因となっている。しかるに、第二のものは第二のものどもと関係をもち、第三のものは第三のものどもと関係をもっている。人間の魂はこれらのものがいかなるものであるかを理解しようと努力し、自分と同族的なものに目を向ける。けれども、それらのもののどれひとつも十分なものではない。ところで、この王と私が述べたものの中にはそのような（不十分な）ものはひとつもない。そこで、魂は言う。それではそれはどのようなものか。（312E強調引用者）

ディオニュシオス二世はこの「すべてのものを統べる王」とは自分のことだと思ったかもしれない。けれども、プラトンはアルケデモス（ピタゴラス派のアルキュタスの弟子）を仲介に立てて、これについては何度も検討する必要があると勧告している。この第一の王、第二のもの、第三のものがそれぞれ何を指すかについては、もともと謎めいたかたちで語られているだけに、いろいろの解釈の余地があるのだが、それは別として、新プラトン主義のプロティノス（後204/05～269/70）が『三つの原理的なものについて』(8)の中でまさにこの箇所を取り上げているのが注目される。プロティノスが三つの原理として挙げるのは、一者（善）、知性、魂である。これらは彼の体系において中核をなす存在である。三者の関係は同心円にも喩えられる。すなわち、中心の一点が一者であり、その外側に生じる円が知性であり、さらに外側に魂が存在する。人間の魂は感覚的世界に惑わされ、円の外側に目を向けるが、哲学によって覚醒するなかで、自己自身の内側に向いていく。魂が知性に目覚め、さらには一者を目指す。この内的な志向が、プロティノスが考えた魂の上昇である。

フィチーノはこの新プラトン主義的な思考を取り入れながら、さらに修正を加えている。フィチーノのラテン語訳を訳出してみよう。

> すべてのものはすべてのものを統(す)べる王の**周りにあり**、すべてのものはこの王のためにあり、この王はあらゆる美しいものの原因となっている。しかるに、第二のものの周りには第二のものどもがあり、第三のもの周りには第三のものどもがある。人間の魂はこれらのものがいかなるものであるかを理解しようと努力し、自分と同族的なものに目を向ける。けれども、それらのもののどれひとつも十分なものではない。ところで、この王と私が述べたものの中にはそのような（不十分な）ものはひとつもない。そこで、魂は言う。それではそれはどのようなものか。（II 4 強調引用者）

フィチーノの翻訳で最も注目されるのが、ギリシア語原文の前置詞ペリ（περί）の扱いである。「〜に関わる」が自然な訳だと考えられるが、別の可能性として場所の意味にとって「〜の周りに」とも解することができる。フィチーノのラテン語訳キルカー（circa）はこの読みを採用している。プロティノス（『三つの原理的なものについて』同箇所）もおそらく同様に解しているように思われる。三つの原理の同心的な構造を考えれば、この訳のほうが適切だと考えられる（ただし、プラトンが同様に考えたかどうかは別の問題である）。先に述べたように、プロティノスは各存在の位階を同心円で考えているから、第一の存在である一者を中心に外に拡がっていくのである。フィチーノの場合には、同心円の中心は神（キリスト教の神）になるから、「第一の王（神）の周囲」とは、その内側ではなく外側であると注意している。神の内には合成されたものは存在しえないからである。

このようにフィチーノはプラトンの書簡の原文を、新プラトン主義的な理解と彼のキリスト教信仰の両方を手がかりにして、読み込んでいるのである。魂は同心円の中心に位置する神を目指す。この魂の上昇をフィチーノは次のように説明する。

「人間の魂はこれらのものがいかなるものであるかを理解しようと努力する」。神の美が発する三つの輝きが三つの円の中で輝くとすぐに、魂の愛（amorem animi）をその輝きのほうへ引き寄せる。そうすることによって、愛の炎が点じられるからである。（同箇所）

魂は「自分と同族的なものに目を向ける」。魂は感覚的なものから出発せざるをえないが、それらに惑わされることなく、その中に自分と自然本性的に同族なものを見出しながら、知性に目覚め上昇していく。この魂の上昇の動因となるのが「愛（amor）」である。これはギリシア語のエロースに匹敵する。

フィチーノが影響を受けた擬ディオニュシオス・アレオパギテスの『神名論（Περὶ θείων ὀνομάτων）』（IV）をみると、すでにこの時代にギリシア語のエロースとアガペーを比較して、アガペーを優位に置くキリスト教神学者と、逆にエロースのほうを神的とみる神学者がいたことがわかる。『ディオニュシオス文書（*Corpus Dionysiacum*）』と呼ばれる一連の神学的文書が現存しており、ディオニュシオスというのは、「使徒行伝」（17,34）に登場する「アレオパゴスのディオニュシオス（Διονύσιος ὁ Ἀρεοπαγίτης）」を指すと考えられていたが、後世の別人による作だと判明したために、擬ディオニュシオスと呼ばれている。文書の成立年代は後五―六世紀とみなされている。この頃からすでに、キリスト教的な愛とギリシアのエロースを比較し、優劣を論じる議論があったわけである。

フィチーノはどちらの愛も本質的には同じだという立場にくみしている。それがキリスト教的な愛の理解として正統なものであるかどうかという問題は別としても、プロティノスが存在の第一義的なものとして中心に据えた一者を、フィチーノはキリスト教の神に置き換えた。そして、魂を同心円の中心（神）に向かわせる動因となる愛が、まさしくプラトン的な愛、すなわちエロースである。フィチーノにとっては、そうした究極の存在への愛がプラトニック・ラブにほかならなかったのである。

あとがき

今から半世紀も以前の話だが、大学の授業とは別にギリシア語の読書会に参加していた。先生は田中美知太郎の最初期の弟子で、小説も書いた。金曜日の夜、枚方宮之阪のやや壊れかけたような（家が傾いていたから、かなりと言うべきか）自宅の二階で、毎回プラトンを三ページずつ読んでもらった。金曜日の朝には大学でアリストテレスの演習があったから、この日は忙しかったのだが、この読書会に三〇〇回以上出席し、ギリシア語読解の訓練を受けている。

昭和五二年頃だったか、この読書会でプラトンのギリシア語テキストの読解とは別に、ニーチェの友人で古典学者であったエルヴィン・ローデの『プシューケー』（*Psyche: the Cult of Souls and Belief in Immortality among the Greeks* の英訳本を使った）の発表会をやった。各担当者が一章分を読んできて内容の紹介をする。その時私は、オルペウス教を受け持った。幼いディオニュソス（ザグレウス）がティタン族に八つ裂きにされて、食われてしまい、怒ったゼウスは雷電でティタン族を焼き殺し、その燃え殻から人間が誕生したという物語は、当時の私には非常に印象的であった。

この書物は古代ギリシア宗教の哲学的な側面を明らかにしたものであるが、思想史には決まって登場するソクラテスが出てこない。ギリシア思想をソクラテス主義抜きで考えるかどうかは、きわめて重要な問題であるように思われる。プラトンの哲学には、理性的な思考だけではとらえきれない一面があることは間違いないが、それをどう見るかで解釈も変わってくるのである。そうした考えを抱きながら、いつか関連のことを書きたいと思っていたが、この小著の規模では十分に論じたとは言いがたい。これをきっかけにして、この領域に関心をもつ研究者が出てくれれば、筆者としてはこれにまさる喜びはない。

本にするにあたっては、いつもながら内山勝利先生（京都大学名誉教授）からアドバイスを頂戴した。畏友の朴一功氏にも草稿段階のものを読んでいただき、誤植など文面を改めたところが少なくない。京都大学学術出版会の大橋裕和編集長、嘉山範子さんにもいくつもの指摘をしてもらった。一風変わった本書の表題は嘉山さんの提案である。自分ではとても思いつかないもので、心から感謝している。この場を借りて御礼を申し上げます。

二〇二五年春

國方　栄二

参考文献（読書案内をかねて）

網羅的なものではなく、比較的入手が可能なもの、重要な文献のみを主に掲載する。なお、本文中の引用は、注記したものを除けば、すべて筆者の訳による。

・プラトンからのテキストの引用はバーネット版による。

Burnet, J., *Platonis Opera I–V*, Oxford Classical Text, Oxford, 1900–07

プラトンの翻訳は田中美知太郎・藤沢令夫編「プラトン全集」、岩波書店、一九七四―七八年に収められている。『饗宴』『イオン』『パイドロス』に関しては下記も参照。

・本文で引用したプラトン以外のギリシアの文献

（擬）アポロドーロス『ギリシア神話』（高津春繁訳）岩波文庫、岩波書店、一九五三年

アリストテレス「哲学のすすめ（プロトレプティコス）」（國方栄二訳『アリストテレス全集20』所収）、

岩波書店、二〇一八年
イアンブリコス『アリストテレス「哲学のすすめ」』（廣川洋一訳・解説）講談社学術文庫、講談社、二〇一一年
（前二冊は著者名が異なるが、内容的にほぼ同一のものを収録している）
イアンブリコス『ピュタゴラス伝』（佐藤義尚訳）叢書アレクサンドリア図書館、国文社、二〇〇〇年
イアンブリコス『ピュタゴラス的生きかた』（水地宗明訳）西洋古典叢書、京都大学学術出版会、二〇一一年
クセノポン「ラケダイモン人の国制」（松本仁助訳、『小品集』所収）西洋古典叢書、京都大学学術出版会、二〇〇〇年
サッポー、沓掛良彦訳『サッフォー——詩と生涯』平凡社、一九八八年、水声社、二〇〇六年
ディオゲネス・ラエルティオス『ギリシア哲学者列伝』（加来彰俊訳）三冊、岩波文庫、岩波書店、一九八四—九四年
ヒポクラテス「人間の自然本性について」（國方栄二訳編、『ヒポクラテス医学論集』所収）、岩波文庫、岩波書店、二〇二二年
プルタルコス『エジプト神イシスとオシリスの伝説について』（柳沼重剛訳）岩波文庫、岩波書店、

一九九六年
プルタルコス「イシスとオシリスについて」（丸橋裕訳、『モラリア5』所収）西洋古典叢書、京都大学学術出版会、二〇〇九年
プロティノス「善なるもの一なるもの」（田中美知太郎訳『善なるもの一なるもの、他一篇』岩波文庫、岩波書店、一九六一年、田中美知太郎・水地宗明・田之頭安彦編『プロティノス全集』第四巻、中央公論社、一九八七年所収）
ヘシオドス『神統記』（廣川洋一訳）、岩波文庫、岩波書店、一九八四年
ヘシオドス『全作品』（中務哲郎訳）西洋古典叢書、京都大学学術出版会、二〇一三年
ホメロス『イリアス』（松平千秋訳）二冊、岩波文庫、岩波書店、一九九二年
ホメロス『オデュッセイア』（松平千秋訳）二冊、岩波文庫、岩波書店、一九九四年
ホメロス『オデュッセイア』（中務哲郎訳）西洋古典叢書、京都大学学術出版会、二〇二二年
ポルピュリオス『ピタゴラスの生涯、（付録）黄金の詩』（水地宗明訳）晃洋書房、二〇〇七年
ポルピュリオス『ピタゴラス伝、マルケラへの手紙、ガウロス宛書簡』（山田道夫訳）西洋古典叢書、京都大学学術出版会、二〇二一年
ソクラテス以前の哲学者からの引用は、ディールス／クランツが編纂した断片集に収録されている。その日本語訳が岩波書店から出ている。

H. Diels – W. Kranz, *Die Fragmente der Vorsokratiker*, 3 Bde., 1951-52^{6}, Berlin
内山勝利編訳『ソクラテス以前哲学者断片集』Ⅰ～Ⅴ＋別冊)、岩波書店、一九九六—九八年

・『饗宴』

『饗宴』の訳は数多くある。一部だけ掲載すると、
生田春月訳『饗宴』世界名著文庫、越山堂、一九一九年
森進一訳『饗宴』新潮文庫、新潮社、一九六八年、改版二〇〇六年
鈴木照雄訳『饗宴』(『饗宴、パイドロス』「プラトン全集5」所収) 岩波書店、一九七四年
朴一功訳『饗宴／パイドン』西洋古典叢書、京都大学学術出版会、二〇〇七年
中澤務訳『饗宴』光文社古典新訳文庫、光文社、二〇一三年
「はじめに」で言及したシェリー (Shelley, P. B.) は、『饗宴』(*The Banquet (or The Symposium) of Plato*,1818) のほかに『イオン』(*Ion of Plato*,1821) を翻訳しているが、いずれも Murray, E. B. (ed), *The Prose Works of Percy Bysshe Shelley*, Vol. 1, 1811–18, Oxford, 1995に収められている。

『饗宴』を扱った日本語文献としては以下のものがある。
田中美知太郎『プラトン「饗宴」への招待』私の古典、筑摩書房、一九七一年 (『田中美知太郎全集』

増補版第18巻、一九八八年所収）
山本巍『プラトン　饗宴——訳と詳解』東京大学出版会、二〇一六年

英語で読む読者のために、最近のものを挙げる。個人的には Waterfield のものが読みやすく使いやすいと思う。

Waterfield, R., Plato *Symposium*, Oxford World's Classics, Oxford, 1994
Berardete, S., *Plato's*《*Symposium*》, Chicago and London, 2001
Howatson, M. C. & F. C. C. Sheffield, *Plato The Symposium*, Cambridge, 2008

ギリシア語で読む人のためには、次のものがある。Bury が古典的な注解書で、Dover と Rowe が有用である。

Bury, R. G., *The Symposium of Plato*, Cambridge, 1909, 2nd 1932
Lamb, W. R. M., *Plato: Symposium*, Loeb Classical Library, Cambridge, Massachusetts / London, 1923
Dover, K., *Plato: Symposium*, Cambridge, 1980
Rowe, C. J., *Plato: Symposium*, Warminster, 1998

『饗宴』に関する欧文の研究書は多いが、重要なものや比較的新しいものを挙げる。

Sier, K., *Die Rede der Diotima: Untersuchungen zum platonischen Symposion*, Stuttgart und Leipzig 1997

Rowe, C., 'The Speech of Eryximachus in Plato's Symposium' in Cleary, J. J. ed., *Traditions of Platonism : Essays in honour of John Dillon*, Alsershot, 1999

Strauss, L. *On Plato' Symposium*, edited and with a Foreword by S. Benardete, Chicago, 2001

Corrigan K. & E. G., *Plato's Dialectic at Play: Argument, Structure, and Myth in the Symposium*, Pennsylvania, 2004

Hunter, R., *Plato' Symposium*, Oxford, 2004

Sheffield, F. C., *Plato's Symposium: the Ethics of Desire*, Oxford, 2006

Berg, S., *Eros and the Intoxications of Enlightenment: on Plato's Symposium*, Albany, NY, 2010

Cooksey, T. L., *Plato's Symposium: a Reader's Guide*, London, 2010

Destrée, P. & Z. Giannopoulou ed., *Plato's Symposium: A Critical Guide*, Cambridge, 2017

・『イオン』

『イオン』は短篇であるが、ホメロス『イリアス』と吟遊詩人（ラプソードス）の関係などを知るための重要な作品である。日本語訳としては、次のものがある。

森進一訳『イオン』（『ヒッピアス（大）、ヒッピアス（小）、イオン、メネクセノス』「プラトン全集

10」所収）、岩波書店、一九七五年

ギリシア語原文を注釈とともに読みたい人には、次のものがある。

Murray, P., *Plato on Poetry: Ion, Republic 376e-398b, Republic 595-608b*, Cambridge, 1996

Rijkbaron, A., *Plato Ion or the Iliad*, Leiden / Boston, 2007

・『パイドロス』

日本語訳としては、以下のものが勧められる。

藤沢令夫訳『パイドロス』岩波文庫、岩波書店、一九六七年

藤沢令夫訳『パイドロス』（『饗宴、パイドロス』「プラトン全集5」所収）岩波書店、一九七四年

脇條靖弘訳『パイドロス』西洋古典叢書、京都大学学術出版会、二〇一八年

・日本語による注解を含む研究

藤澤令夫『プラトン「パイドロス」註解』（改訂版）岩波書店、一九八七年（『藤澤令夫著作集Ⅳ』岩波書店、二〇〇一年に再録）

英語訳はいくつもあるが、一つだけ挙げておきたい。（後出のHackforth, 1952も注釈つき翻訳書で便利）

Waterfield, R. *Plato Phaedrus*, Oxford World's Classics, Oxford, 2002

『パイドロス』を原語で読みたい人には、次の書目がある。de Vries は注解のみで、それ以外のものは原文テキストを掲載している。

Thomson, W. H., *The Phaedrus of Plato*, London, 1868
Fowler, H. N, *Plato Phaedrus*, Loeb Classical Library, Cambridge, Massachusetts / London 1914
de Vries, G. J., *A Commentary on the Phaedrus of Plato*, Amsterdam, 1969
Rowe, C. J., *Plato: Phaedrus*, Warminster, 1986
Yunis, H., *Plato: Phaedrus*, Cambridge, 2011

『パイドロス』に関する研究書は枚挙にいとまがないが、ここでは重要なものや最近のものを挙げておく。

Hackforth, R., *Plato's Phaedrus*, Cambridge, 1952
Nicholson, G., *Plato's Phaedrus: the Philosophy of Love*, West Lafayette, Indiana, 1999
Morgan, K. A., 'Inspiration, recollection, and mimēsis in Plato's Phaedrus,' in Nightingale, A. & D. Sedley ed.,

Ancient Models of Mind: Studies in Human and Divine Rationality, Cambridge, 2010
Werner, D. S., *Myth and Philosophy in Plato's Phaedrus*, Cambridge, 2012
Rosen, S., *The Language of Love: an Interpretation of Plato's Phaedrus*, South Bend, Indiana, 2016
Gavray, M-A. ed., *The Reception of Plato's Phaedrus from Antiquity to the Renaissance*, Berlin/Boston, 2020

新プラトン主義のヘルメイアス（後五世紀）の注解は、師のシュリアノス（後五世紀前半）の講義をまとめたものである。原文はギリシア語であるが、近年英語訳が出ている。

Couvreur, P. ed., *Hermiae Alexandrini in Platonis Phaedrum Scholia*, Paris, 1901
Baltzly, D. & M. Share tr., *Hermias: on Plato Phaedrus 227A–245E*, London, 2018
Baltzly, D. & M. Share tr., *Hermias: on Plato Phaedrus 246A–279C*, London, 2021

・プラトンの哲学の各問題にふれたもの（本書で引用したものに限る）

Wilamowitz-Moellendorff, U. von, *Platon I: Leben und Werke*, Berlin, 1919
Frutiger, P., *Les Mythes de Platon*, Paris, 1930
Havelock, E. A., *Preface to Plato*, Oxford, 1963
Guthrie, W. K. C., *History of Greek Philosophy*, IV, Cambridge, 1975

國方栄二『プラトンのミュートス』京都大学学術出版会、二〇〇七年

・プラトニック・ラブに関する研究

Robin, L., *Théorie Platonicienne de l'Amour*, Paris, 1908

河野与一「源流に遡る——プラトニック・ラブ考」（『学問の曲り角』、岩波書店、一九五八年所収、岩波文庫、二〇〇〇年に再録）

Gould, T., *Platonic Love*, London, 1963

Vlastos, G., *Platonic Studies*, Second Edition, Princeton, 1973（論文 'The Individual as an Object of Love in Plato' を含む）

Wurm, A., *Platonicus Amor*, Beiträge Zur Altertumskunde 261, Berlin / New York, 2008

Reeser, T. W., *Setting Plato Straight: Translating Ancient Sexuality in the Renaissance*, Chicago and London, 2015

O'Brien, C. S. & J. Dillon ed., *Platonic Love from Antiquity to the Renaissance*, Cambridge, 2022

・古代ギリシアの同性愛に関連するもの

K・J・ドーヴァー『古代ギリシアの同性愛（新版）』（中務哲郎・下田立行訳）青土社、二〇〇七年

・プラトンの「狂気」に関する研究

Linforth, I. M., 'Telestic Madness in Plato, *Phaedrus* 244DE,' *University of California Publications in Classical Philology* 13, 1946a

Verdenius, W. J., 'Der Begriff der Mania in Platons *Phaidros*,' *Archiv für Geschichte der Philosophie* 44, 1962

Burnyeat, M., 'Socratic Midwifery, Platonic Inspiration,' *Bulletin of the Institute of Classical Studies* 24, 1977, reprinted in *Essays on the Philosophy of Socrates*, edited by Hugh H. Benson, Oxford, 1992

Nussbaum, M., *The Fragility of Goodness: Luck and Ethics in Greek Tragedy and Philosophy*, Cambridge, 1986.（Chap. 7 'The story isn't true': madness, reason, and recantation in the *Phaedrus*）

Scott, D., 'Philosophy and Madness in the *Phaedrus*,' *Oxford Studies in Ancient Philosophy* 41, 2011

Shelton, M., 'Divine Madness in Plato's *Phaedrus*,' *Apeiron* 57, 2024

・その他（本書で引用したものに限る）

England, E. B., *The Law of Plato*, vol. 1, Manchester, 1921

Burnet, J., *Early Greek Philosophy*, 4th edition, London, 1930

Chadwick, H. M. & N. K., *The Growth of Literature*, Cambridge, 1932

Denniston, J. D., *The Greek Particles*, Oxford, 1934

Dodds, E. R., *Plato Gorgias*, A Revised Text with Introduction and Commentary, Oxford, 1959

Jaeger, W., *The Theology of the Early Greek Philosophers*, translated for the Gifford lectures from the German manuscript by Edward S. Robinson, London, 1967

Burkert, W., *Lore and Science in Ancient Pythagoreanism*, translated by E. L. Minar Jr, Cambridge, 1971

Frisk, H., *Griechisches etymologisches Wörterbuch*, 3 Bände, Heidenberg, 1973–79

Chadwick, J., *The Mycenaean World*, Cambridge, 1976

Graf, F., *Nordionische Kulte*, Roma, 1985,

Bernabé, A., 'Dionysos in the Mycenaean World,' in A. Bernabé et aliter (ed.), *Redefining Dionysos*, Berlin/Boston, 2013

ルネサンス期のマルシリオ・フィチーノの作品には以下の翻訳がある。

Marsilio Ficino's Commentary on Plato's Symposium, the Text and a Translation, with an Introduction, by R. J. Sears, Columbia, 1944

The Platonism of Marsilio Ficino: a Study of his Phaedrus Commentary, its Sources and Genesis, by Michael J.B. Allen, Berkeley, 1984

『恋の形而上学――フィレンツェの人マルシーリオ・フィチーノによるプラトーン『饗宴』注釈』

（左近司祥子訳）、国文社、一九八五年

Marsile Ficin : Commentaire sur le Banquet de Platon, texte établi, traduit, présenté et annoté par Pierre Laurens, Paris, 2002

・本書で引用したギリシア宗教や精神史に関する文献

Rohde, E., *Psyche. Seelencult und Unsterblichkeitsglaube der Griechen*, 1890–94（English translation: *Psyche: the Cult of Souls and Belief in Immortality among the Greeks*, by Hillis, W. B., London, 1925）

Rohde, E., *Die Religion der Griechen: Rede zum Geburtsfeste des höchstseligen Grossherzogs Karl Friedrich und zur akademischen Preisvertheilung, am 22. November 1894*, Heidelberg, 1895

Wilamowitz–Moellendorff, U. von, *Der Glaube der Hellenen*, Berlin, 1931–32

Guthrie, W. K. C., *Orpheus and Greek Religion: a Study of the Orphic Movement*, Princeton, N.J., 1935

Rose, H. J., 'A Study of Pindar, Fragment 133（Rergk）, 127（Bowra）,' in C. Bailey, ed. *Greek Poetry and Life, Essays presented to Gilbert Murray*, Oxford, 1936

Linforth, L. M., *The Arts of Orpheus*, Berkeley, 1941

Rose, H. J., 'The Grief of Persephone,' *The Harvard Theological Review* 36, 1943

Linforth, L. M., 'The Corybantic Rites in Plato,' *University of California in Classical Philology* 13, 1946b

Nilson, M. P., A *History of Greek Religion*, 2nd edition, translated from the Swedish by F. J. Fielden, Oxford, 1949

Guthrie, W. K. C., *The Greeks and their Gods*, London, 1950

Dodds, E. R., *The Greeks and the Irrational*, Berkeley & Los Angeles, 1951（日本語訳、『ギリシァ人と非理性』（岩田靖夫・水野一訳）みすず書房、一九七二年）

Cornford, F. M., *Principium Sapientiae: The Origins of Greek Philosophical Thought*, Cambridge, 1952

Burkert, W., *Homo necans : Interpretationen altgriechischer Opferriten und Mythen*, Berlin / New York, 1972（日本語訳、『ホモ・ネカーンス——古代ギリシアの犠牲儀礼と神話』（前野佳彦訳）法政大学出版局、二〇〇八年）

Kerényi, K., *Dionysos: Urbild des unzerstörbaren Lebens*, 1976, Complete Works in Individual Volumes edited by Magda Kerényi, vol.8（日本語訳、岡田素之訳『ディオニューソス——破壊されざる生の根源像』、白水社、一九九九年）

Snell, B., *Die Entdeckung des Geistes: Studien zur Entstehung des europäischen Denkens bei den Griechen*, Hamburg, 5 Aufl., 1980（日本語訳［ただし、旧版の翻訳］、『精神の発見——ギリシア人におけるヨーロッパ的思考の発生に関する研究』（新井靖一訳）名著翻訳叢書、創文社、一九七四年）

レナル・ソレル『オルフェウス教』（脇本由佳訳）クセジュ文庫、白水社、二〇〇三年

Bernabé A., 'Autour du mythe orphique sur Dionysos et les Titans: Quelques notes critiques,' in D. Accorunti et

Chuvin, P. eds., *Des Géants à Dionysos: Mélanges de mythologie et de poésie greques offerts à Francis Vian*, Alessandria, 2003

Edmonds III, R. G., *Redefining Ancient Orphism : A Study in Greek Religion*, Cambridge, 2013

・アンダース・ニーグレン『エロースとアガペー』の原書（スウェーデン語）と翻訳

ドイツ語訳はニーグレン夫人によるものである。英語訳と日本語訳では書名の順が逆になっている。日本語訳は訳の抜けがあるほか、引用する原典の巻、章表示の間違いなどあり、これだけで読むのはお勧めできない。

Nygren, A., *Den kristna kärlekstanken genom tiderna : Eros och agape*, Stockholm, 1930–1936

Nygren, A., *Agape and Eros*, translated by Philip S. Watson, Philadelphia, 1953

Nygren, A., *Eros und Agape*, übertragen von Irmgard Nygren, 2 Bde., Berlin, 1955

A・ニーグレン『アガペーとエロース』（岸千年・大内弘助訳）三巻、新教出版社、一九六三年

事項索引

索　引

主要な箇所にとどめ、現代の研究者は採録していない。
人名索引は神の名、神話の登場人物を含む。

人名索引

國方　栄二（くにかた　えいじ）

1952年生まれ、大阪在住。京都大学大学院文学研究科博士課程単位取得満期退学、京都大学博士（文学）

主な著訳書

（著作）『哲人たちの人生談義――ストア哲学をよむ』（岩波新書、岩波書店、2022）、『ストア派の哲人たち』（中央公論新社、2019）、『ギリシア・ローマの智恵』（未知谷、2016）、『プラトンのミュートス』（京都大学学術出版会、2007）など。（翻訳）『ヒポクラテス医学論集』（岩波文庫、岩波書店、2022）、エピクテトス『人生談義』（2冊、岩波文庫、岩波書店、2020-21）、『アリストテレス全集19～20 著作断片集』（岩波書店、2014-18）、アルビノス他『プラトン哲学入門』（共訳、西洋古典叢書、京都大学学術出版会、2008）、『ソクラテス以前哲学者断片集I～III』（共訳、岩波書店、1996-97）など。（論文、エッセイ）「清沢満之とエピクテトス」（『親鸞教學』大谷大学真宗学会親鸞教学編集部編、2023, 12）、「古代ローマの出版事情」（『図書』岩波書店、2023, 5）など。

プラトンのプラトニック・ラブ　学術選書 118

2025 年 4 月 15 日　初版第 1 刷発行

著　　者…………國方 栄二
発 行 人…………黒澤 隆文
発 行 所…………京都大学学術出版会
京都市左京区吉田近衛町 69
京都大学吉田南構内（〒 606-8315）
電話（075）761-6182
FAX（075）761-6190
振替 01000-8-64677
URL http://www.kyoto-up.or.jp
印刷・製本…………㈱太洋社
装　　幀…………上野かおる

ISBN 978-4-8140-0588-8
定価はカバーに表示してあります

学術選書［既刊より］ ＊サブシリーズ「諸文明の起源」→ 諸

006 古代アンデス 権力の考古学 関 雄二 諸12
009 ヴァイキング時代 角谷英則 諸9
012 古代エジプト 文明社会の形成 高宮いづみ 諸2
015 恋愛の誕生 12世紀フランス文学散歩 水野 尚
036 中国文明 農業と礼制の考古学 岡村秀典 諸6
047 古代朝鮮 墳墓にみる国家形成 吉井秀夫 諸13
054 イスラーム 文明と国家の形成 小杉 泰 諸4
059 古代マヤ 石器の都市文明［増補版］ 青山和夫 諸11
070 ヨーロッパ近代文明の曙 描かれたオランダ黄金世紀 樺山紘一 諸10
073 異端思想の500年 グローバル思考への挑戦 大津真作
075 懐疑主義 松枝啓至
083 京都学派 酔故伝 櫻井正一郎
086 ？◉！ 哲学の話 朴 一功
087 今からはじめる哲学入門 戸田剛文 編
092 股倉からみる『ハムレット』 シェイクスピアと日本人 芦津かおり
098 「型」の再考 科学から総合学へ 大庭良介
099 色を分ける 色で分ける 日高杏子
100 ベースボールと日本占領 谷川建司
101 タイミングの科学 脳は動作をどうコントロールするか 乾 信之
102 乾燥地林 知られざる実態と砂漠化の危機 吉川 賢
103 異端思想から近代的自由へ 大津真作
104 日本書紀の鳥 山岸 哲・宮澤豊穂
105 池上四郎の都市計画 大阪市の経験を未来に 池上 惇
106 弁論の世紀 古代ギリシアのもう一つの戦場 木曽明子
107 ホメロスと色彩 西塔由貴子
108 女帝と道化のロシア 坂内徳明
109 脳はどのように学ぶのか 教育×神経科学からのヒント 乾 信之
110 デザインは間違う デザイン方法論の実践知 松下大輔
111 ハイデッガーとギリシア悲劇 秋富克哉
112 自然に学ぶ「甘くない」共生論 椿 宜高
113 南方熊楠と猫とイスラーム 嶋本隆光
114 森の来歴 二次林と原生林が織りなす激動の物語 小見山章・加藤正吾
115 民主政アテナイに殉ず 弁論家デモステネスの生涯 木曽明子
116 平和と人権の思想史 近代自然法思想と哲学 本田裕志
117 維新京都 医学の開花 カルテを作ったお雇い外国人ヨンケル 藤田哲也
118 プラトンのプラトニック・ラブ 國方栄二